Gonglu Liqing Lumian Yanghu Yingzhiyinghui Shouce

公路沥青路面养护应知应会手册

公路养护技术国家工程研究中心
山 东 公 路 技 师 学 院 编著

人民交通出版社股份有限公司
China Communications Press Co.,Ltd.

内 容 提 要

本书从沥青路面养护的实际工作出发，采用图文并茂的方式，系统介绍了公路养护的相关法律法规、沥青路面养护的基本常识，详细介绍了沥青路面技术状况评定以及日常养护的具体工作及要点，普及了预防性养护、大中修养护以及养护安全作业的相关知识。内容浅显易懂、生动有趣，具有很强的针对性和实用性。

本书可作为基层养护人员、管理人员和技术人员的参考用书，也可作为大专院校学生认知学习用书。

图书在版编目（CIP）数据

公路沥青路面养护应知应会手册 / 公路养护技术国家工程研究中心，山东公路技师学院编著 . —北京：人民交通出版社股份有限公司，2017.8

ISBN 978-7-114-14147-8

Ⅰ. ①公… Ⅱ. ①公… ②山… Ⅲ. ①沥青路面—公路养护—技术手册 Ⅳ. ① U418.6-62

中国版本图书馆 CIP 数据核字（2017）第 216188 号

书　　名：公路沥青路面养护应知应会手册
著 作 者：公路养护技术国家工程研究中心
山东公路技师学院
责任编辑：周　宇　潘艳霞　王景景
出版发行：人民交通出版社股份有限公司
地　　址：（100011）北京市朝阳区安定门外外馆斜街 3 号
网　　址：http://www.ccpress.com.cn
销售电话：（010）59757973
总 经 销：人民交通出版社股份有限公司发行部
经　　销：各地新华书店
印　　刷：中国电影出版社印刷厂
开　　本：787 × 1092　1/16
印　　张：9.5
字　　数：186 千
版　　次：2017 年 8 月　第 1 版
印　　次：2017 年 8 月　第 1 次印刷
书　　号：ISBN 978-7-114-14147-8
定　　价：75.00 元

《公路沥青路面养护应知应会手册》
编　委　会

编委会主任：吴德金

编委会副主任：王　太

主　　　编：王松根　马庆雷

编 写 人 员：刘振清　刘治新　丁　建　张风亭　张　晨
杨庆振　弋晓明　高培山　郭银涛　武春山
高发亮　崔梦璇　刘　刚

主　　　审：王松波

编 审 人 员：王松波　杨　亮　蔡小秋　花　蕾

序

公路是国家的重要基础设施，对促进国家的经济发展，维护社会稳定繁荣具有重要的作用和意义。当前，我国公路总里程已达到470万公里，高速公路通车里程跃居世界第一，公路建设跨越式发展成就值得每一位公路人骄傲和自豪。但随着布局合理、功能完善的公路网逐步形成，公路发展重点将由过去以建设为主向建设、养护、管理、服务并重转变，需要更加突出公路养护管理工作。

沥青路面是我国公路最主要的路面形式，沥青路面养护是公路养护非常重要的组成部分。交通运输部高度重视沥青路面养护工作，逐步形成以《公路技术状况评定标准》《公路沥青路面养护技术规范》为引领的技术标准体系，以国家公路网技术状况监测为抓手的监督管理体系，沥青路面养护技术和管理都取得长足的进步。但由于我国幅员辽阔，各地自然环境、交通条件、筑路材料及施工设备差异较大，公路沥青路面的病害形式和原因也多种多样，特别是"十三五"期将加快构建现代公路养护管理体系，对基层养护管理人员提出新的、更大的挑战，需要更加有针对性和实操性的技术指导。

为了帮助广大一线养护技术人员系统了解沥青路面养护管理的相关知识，掌握工作要点，提高沥青路面养护质量，延长使用寿命，交通运输部公路局组织公路养护技术国家工程研究中心、山东公路技师学院编写了《公路沥青路面养护应知应会手册》。该书介绍了公路养护相关的法律法规、沥青路面养护的基本常识，梳理了沥青路面技术状况评定、日常养护、预防养护、修复养护等作业的工作流程及要点，普及了养护作业安全的相关知识。内容浅显易懂、生动活泼，图文并茂，具有很强的针对性和实用性。

公路养护是一份“平淡”的工作，需要年复一年、日复一日、持之以恒的坚守，但它对于保证公路存量资产充分发挥效益，实现公路交通科学发展、安全发展、可持续发展却起着至关重要的作用。“十三五”期是交通基础设施发展、服务水平提高和转型发展的黄金时期，希望广大公路养护者抓住黄金期、用好黄金期，坚守己任，凝心聚力，开拓进取，砥砺前行，不断提升我国公路养护管理水平，为社会公众提供更加优质的出行服务做出新的更大的贡献。

交通运输部公路局局长

2017年7月

前言

随着我国公路基础设施的不断完善，公路行业的工作重点逐渐由建设向养护倾斜。交通运输部非常重视公路的养护管理工作，较早提出了“建设是发展，养护也是发展”的理念，并且逐步完善公路养护管理的政策法规体系，逐步健全公路养护技术的标准规范体系，逐步加强基层养护管理人员的培训工作，持续提升公路养护管理人员的管理能力和技术水平。鉴于沥青路面是我国公路的主要路面结构形式，其养护管理是基层养管单位的主要工作内容，交通运输部公路局组织开展了本书的编写工作。

本书主要面向从事公路养护管理的一线工作人员，对路面养护的相关知识进行了系统的梳理。第1章介绍了公路养护的法律法规、标准规范与管理制度。第2章介绍了公路养护的相关知识，包括公路组成、类型划分、路面结构层划分、养护作业分类等内容。第3章介绍了沥青路面技术状况评定的相关内容，包括路面病害类型划分、路面技术状况评定方法、人工检测评定与快速检测评定之间的区别与联系等。第4章详细介绍了沥青路面日常养护工作中的具体操作流程、技术工艺等。第5章和第6章概括性地介绍了预防养护以及修复养护的基本技术及要点等。第7章介绍了养护安全作业的相关知识及注意事项。第8章介绍了养护管理的相关内容。

本书适合基层养护人员、管理人员和技术人员参考使用，也可作为大专院校学生认知学习用书。由于编者水平有限，书中若存在不妥或疏漏之处，敬请读者批评指正。

编　者

2017年7月

目录

第1章

公路养护法规制度与技术标准简介

公路是支撑国家和区域经济发展的重要公益性基础设施。公路养护质量的好坏将直接影响公路功能的有效发挥，影响公众出行的舒适度，甚至影响人民群众生命财产安全。长期以来，国家和地方各级政府及相关行业主管部门高度重视公路养护管理工作，初步建立健全公路养护法律法规、管理制度及技术标准体系，为公路养护管理工作的顺利开展提供政策保障和技术支持。

公路养护法律法规、管理制度及技术标准体系如图 1-1 所示。

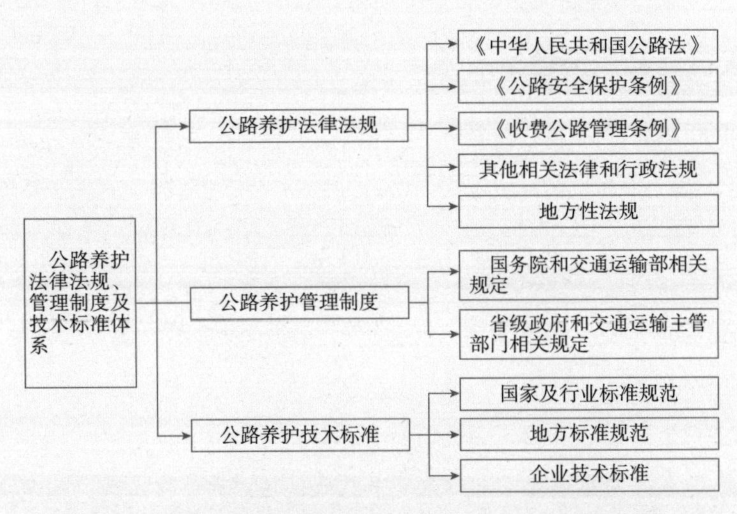

图 1-1　公路养护法律法规、管理制度及技术标准体系

1.1　公路养护法律法规

1998 年 1 月 1 日开始实施的《中华人民共和国公路法》是新中国成立以来第一部规范公路建设、养护、运营和管理的法律，确立了我国公路发展的基本原则和制度。随后，国务院先后审议并颁布了行政法规《收费公路管理条例》和《公路安全保护条例》，各省、自治区、

直辖市和部分地方也陆续颁布了本地区的公路养护管理地方性法规。一个以《中华人民共和国公路法》为龙头，以行政法规和地方性法规为补充的公路养护法律法规体系正在逐步形成，为保障和促进公路交通事业的快速发展发挥了重要作用。

公路养护法律法规体系的框架如图 1-2 所示。

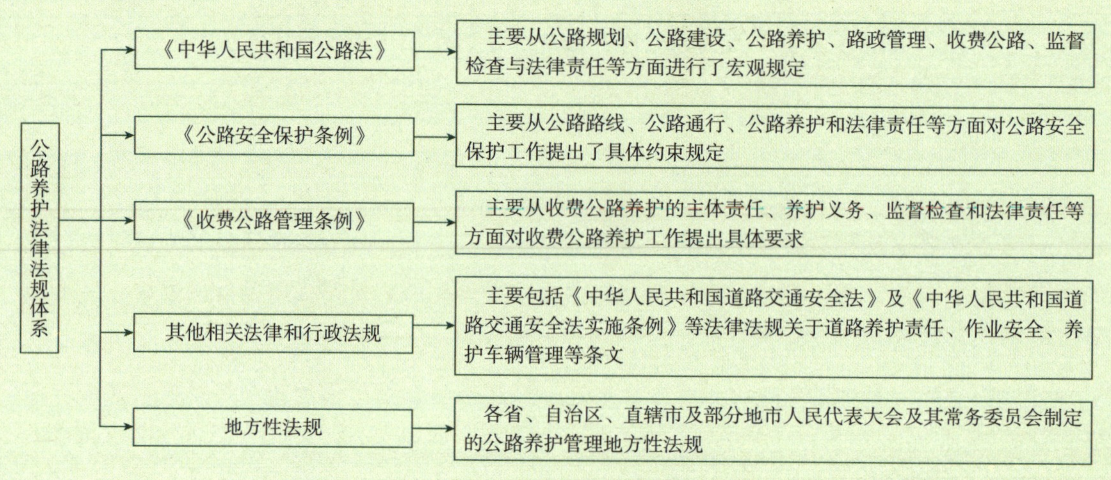

图 1-2　公路养护法律法规体系

1.1.1　中华人民共和国公路法

《中华人民共和国公路法》共 9 章 87 条，包括总则、公路规划、公路建设、公路养护、路政管理、收费公路、监督检查、法律责任和附则。在养护管理方面，主要是对各级人民政府、交通运输主管部门、公路管理机构以及公路经营企业在公路养护中的责任和义务做出了具体规定和要求，同时对公路养护质量、养护经费、养护人员、作业车辆、作业现场秩序、绿化、水土保持及因自然灾害致使国省干线公路中断等特殊情况的处置均做出了规定。其中，与公路养护相关的条款如下：

第八条　国务院交通主管部门主管全国公路工作。

县级以上地方人民政府交通主管部门主管本行政区域内的公路工作；但是，县级以上地方人民政府交通主管部门对国道、省道的管理、监督职责，由省、自治区、直辖市人民政府确定。

乡、民族乡、镇人民政府负责本行政区域内的乡道的建设和养护工作。

县级以上地方人民政府交通主管部门可以决定由公路管理机构依照本法规定行使公路行政管理职责。

第三十五条　公路管理机构应当按照国务院交通主管部门规定的技术规范和操作规程（图 1-3）对公路进行养护，保证公路经常处于良好的技术状态。

第三十九条　为保障公路养护人员的人身安全，公路养护人员进行养护作业时，应当穿着统一的安全标志服（图 1-4）；利用车辆进行养护作业时，应当在公路作业车辆上设置明显的作业标志（图 1-5）。

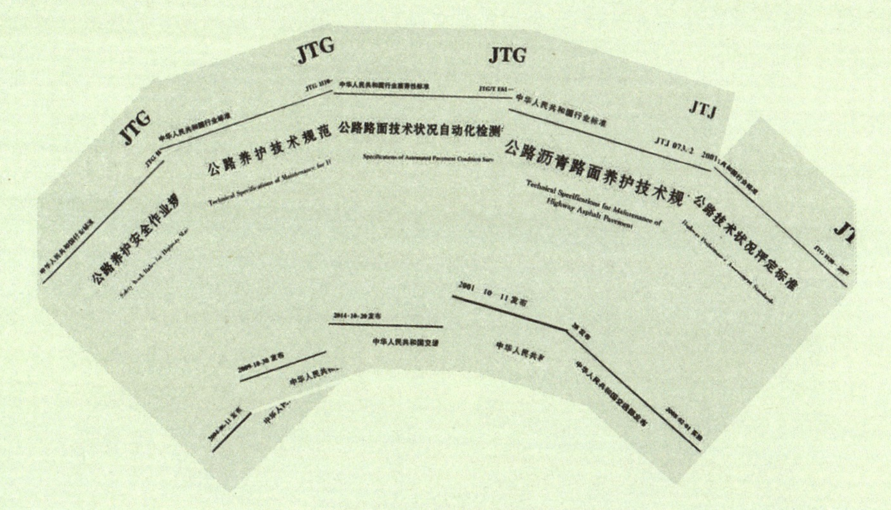

图 1-3　技术标准

图 1-4　身穿安全标志服的公路养护人员

图 1-5　设置作业标志的公路养护车辆

公路养护车辆进行作业时，在不影响过往车辆通行的前提下，其行驶路线和方向不受公路标志、标线限制；过往车辆对公路养护车辆和人员应当注意避让。

第四十条 因严重自然灾害致使国道、省道交通中断，公路管理机构应当及时修复（图1-6）；公路管理机构难以及时修复时，县级以上地方人民政府应当及时组织当地机关、团体、企业事业单位、城乡居民进行抢修（图1-7），并可以请求当地驻军支援（图1-8），尽快恢复交通。

图1-6 公路机构组织抢修道路

图1-7 地方政府组织抢修道路

图 1-8　武警交通部队抢修

1.1.2　公路安全保护条例

《公路安全保护条例》共 6 章 77 条，包括总则、公路线路、公路通行、公路养护、法律责任和附则。在养护管理方面，主要是对公路养护管理主体、养护职责、养护资金保障、公路养护作业规范及交通组织、公路养护作业单位资质许可管理、养护巡查、公路路面及桥隧检测与评定、公路突发事件应急响应等进行了法律规定。其中，与公路养护相关的条款如下：

第三条　国务院交通运输主管部门主管全国公路保护工作。

县级以上地方人民政府交通运输主管部门主管本行政区域的公路保护工作；但是，县级以上地方人民政府交通运输主管部门对国道、省道的保护职责，由省、自治区、直辖市人民政府确定。

公路管理机构依照本条例的规定具体负责公路保护的监督管理工作。

第五条　县级以上各级人民政府应当将政府及其有关部门从事公路管理、养护所需经费以及公路管理机构行使公路行政管理职能所需经费纳入本级人民政府财政预算。但是，专用公路的公路保护经费除外。

第四十四条　公路管理机构、公路经营企业应当加强公路养护，保证公路经常处于良好技术状态。

前款所称良好技术状态，是指公路自身的物理状态符合有关技术标准的要求，包括路面平整，路肩、边坡平顺，有关设施完好。

第四十六条 从事公路养护作业的单位应当具备下列资质条件：

（一）有一定数量的符合要求的技术人员；

（二）有与公路养护作业相适应的技术设备；

（三）有与公路养护作业相适应的作业经历；

（四）国务院交通运输主管部门规定的其他条件。

公路养护作业单位资质管理办法由国务院交通运输主管部门另行制定。

第四十七条 公路管理机构、公路经营企业应当按照国务院交通运输主管部门的规定对公路进行巡查，并制作巡查记录；发现公路坍塌（图1-9）、坑槽（图1-10）、隆起（图1-11）等损毁的，应当及时设置警示标志，并采取措施修复。

图1-9 公路坍塌

图1-10 路面坑槽

图1-11 路面隆起

公安机关交通管理部门发现公路坍塌、坑槽、隆起等损毁，危及交通安全的，应当及时采取措施，疏导交通，并通知公路管理机构或者公路经营企业。

其他人员发现公路坍塌、坑槽、隆起等损毁的，应当及时向公路管理机构、公安机关交通管理部门报告。

第四十八条　公路管理机构、公路经营企业应当定期对公路、公路桥梁、公路隧道进行检测和评定（图 1-12 ~图 1-14），保证其技术状态符合有关技术标准；对经检测发现不符合车辆通行安全要求的，应当进行维修，及时向社会公告，并通知公安机关交通管理部门。

图 1-12　路况检测与评定

图 1-13　桥梁检测与评定

图 1-14　隧道检测与评定

第四十九条　公路管理机构、公路经营企业应当定期检查公路隧道的排水、通风、照明、监控、报警、消防、救助等设施（图 1-15），保持设施处于完好状态。

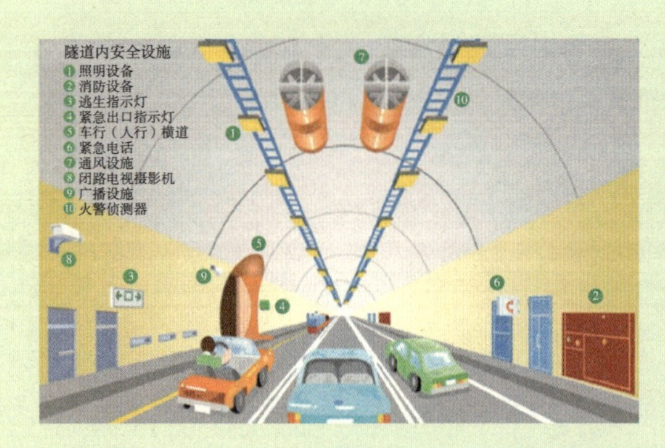

图 1-15　隧道设施检查

第五十条　公路管理机构应当统筹安排公路养护作业计划，避免集中进行公路养护作业造成交通堵塞。

在省、自治区、直辖市交界区域进行公路养护作业，可能造成交通堵塞的，有关公路管理机构、公安机关交通管理部门应当事先书面通报相邻的省、自治区、直辖市公路管理机构、公安机关交通管理部门，共同制订疏导预案，确定分流路线。

第五十一条　公路养护作业需要封闭公路的，或者占用半幅公路进行作业，作业路段长度在 2 公里以上，并且作业期限超过 30 日的，除紧急情况外，公路养护作业单位应当在作业开始之日前 5 日向社会公告，明确绕行路线，并在绕行处设置标志（图 1-16）；不能绕行的，应当修建临时道路（图 1-17）。

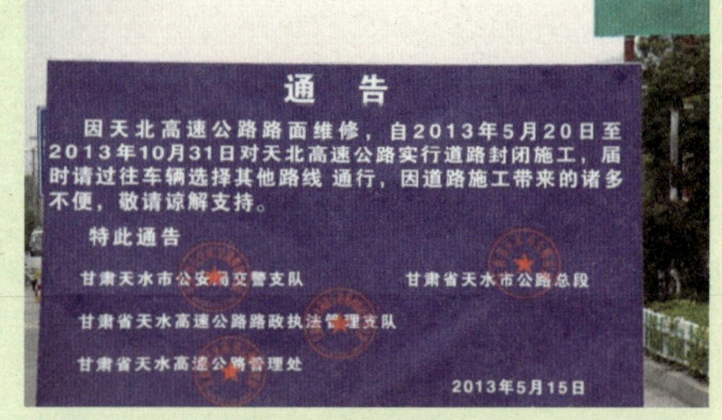
通　告

因天北高速公路路面维修，自2013年5月20日至2013年10月31日对天北高速公路实行道路封闭施工，届时请过往车辆选择其他路线 通行，因道路施工带来的诸多不便，敬请谅解支持。

特此通告

甘肃天水市公安局交警支队　　甘肃省天水市公路总段

甘肃省天水高速公路路政执法管理支队

甘肃省天水高速公路管理处

2013年5月15日

图 1-16　绕行措施

第五十三条　发生公路突发事件影响通行的，公路管理机构、公路经营企业应当及时修复公路、恢复通行。设区的市级以上人民政府交通运输主管部门应当根据修复公路、恢复通行的需要，及时调集抢修力量，统筹安排有关作业计划，下达路网调度指令，配合有关部门组织绕行、分流。

设区的市级以上公路管理机构应当按照国务院交通运输主管部门的规定收集、汇总公路损毁、公路交通流量等信息，开展公路突发事件的监测、预报和预警工作，并利用多种方式及时向社会发布有关公路运行信息。

图 1-17　施工便道

1.1.3　收费公路管理条例

《收费公路管理条例》共 6 章 60 条，包括总则、收费公路建设和收费站的设置、收费公路权益的转让、收费公路的经营管理、法律责任和附则。目前本条例正在进行修订，现行条例在养护管理方面，主要是对收费公路养护的主体责任、养护义务、监督检查和法律责任等方面对收费公路养护工作提出具体要求。其中，与公路养护相关的条款如下：

第二十六条　收费公路经营管理者应当按照国家规定的标准和规范，对收费公路及沿线设施进行日常检查、维护，保证收费公路处于良好的技术状态，为通行车辆及人员提供优质服务。

收费公路的养护应当严格按照工期施工、竣工，不得拖延工期，不得影响车辆安全通行。

第四十三条　国务院交通主管部门和省、自治区、直辖市人民政府交通主管部门应当对收费公路实施监督检查，督促收费公路经营管理者依法履行公路养护、绿化和公路用地范围内的水土保持义务。

第五十四条　违反本条例的规定，收费公路经营管理者未按照国务院交通主管部门规定的技术规范和操作规程进行收费公路养护的，由省、自治区、直辖市人民政府交通主管部门责令改正；拒不改正的，责令停止收费。责令停止收费后 30 日内仍未履行公路养护义务的，由省、自治区、直辖市人民政府交通主管部门指定其他单位进行养护，养护费用由原收费公路经营管理者承担。拒不承担的，由省、自治区、直辖市人民政府交通主管部门申请人民法院强制执行。

1.1.4　地方性法规

据初步统计，全国 18 个省区市出台了公路养护管理地方性法规，16 个省区市出台了高速公路养护管理地方性法规，8 个省区市出台了农村公路养护管理地方性法规。

1.2 公路养护管理制度

1.2.1 国务院和交通运输部相关规定

为加强公路养护管理工作，根据国家有关法律法规，近年来国务院及交通运输部陆续颁布了《国务院办公厅关于印发农村公路管理养护体制改革方案的通知》(国办发〔2005〕49号)、《公路养护工程管理办法》等一系列制度政策，有力指导并保障了公路养护管理工作的顺利开展。公路养护管理制度体系的框架如图 1-18 所示。

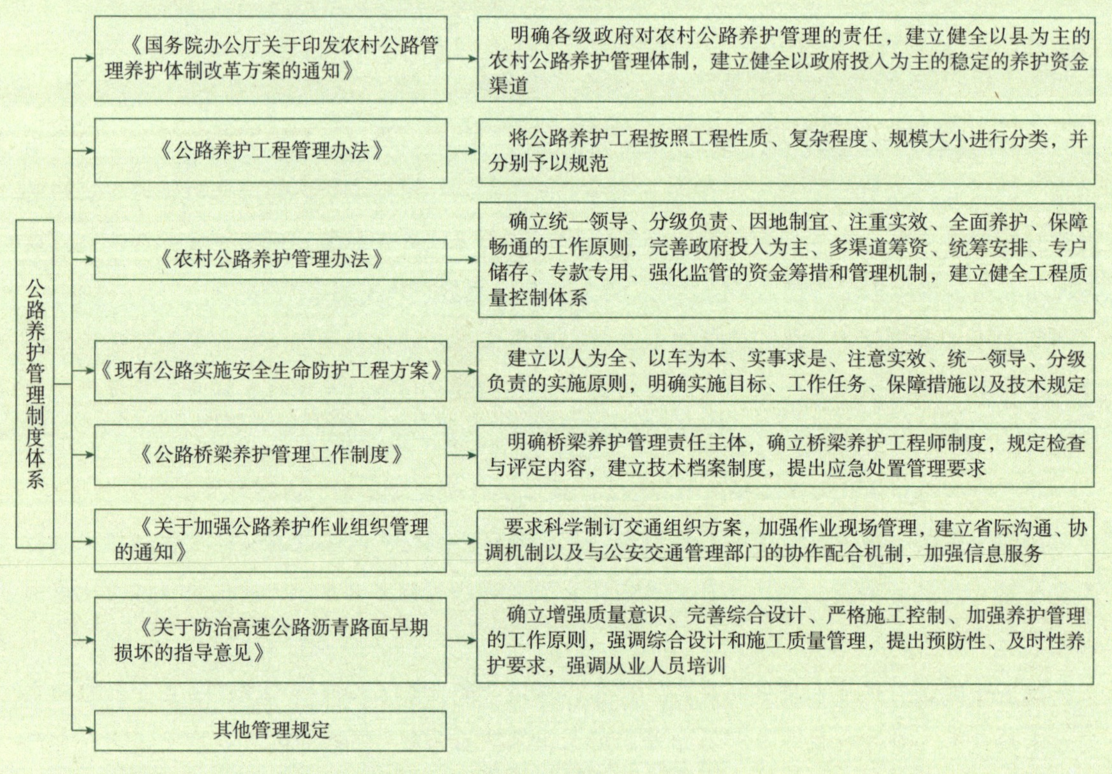

图 1-18 公路养护管理制度体系

1.2.2 省级政府和交通运输主管部门相关规定

省级政府和交通运输主管部门制定发布公路养护管理相关规定，主要是对公路养护法律法规和国务院、交通运输部相关规定的具体细化和补充完善，使其更具有操作性。据初步统计，全国 31 个省区市均建立了日常养护巡查、小修保养管理、养护工程管理、桥隧养护管理工作等规章制度，出台了高速公路路况信息收集、报告和发布制度，颁布了高速公路养护作业管理工作制度；31 个省区市的普通公路和 27 个省区市的高速公路制定了养护科学决策相关制度或规范，24 个省区市出台了标志标线相关技术指南或规范性文件，24 个省区市的普通公路和 28 个省区市的高速公路管理部门制定了推行预防性养护的制度、政策或指导性意见。

1.3　公路养护技术标准

1.3.1　国家及行业技术标准

在公路养护工程技术标准方面，近年来国家及交通运输部陆续颁布了《道路交通标志和标线》(GB 5768)、《公路养护技术规范》(JTG H10)、《公路沥青路面养护技术规范》(JTJ 073.2)、《公路养护安全作业规程》(JTG H30)、《公路路面技术状况自动化检测规程》(JTG/T E61)、《公路技术状况评定标准》(JTG H20)等技术标准。

公路养护工程技术标准体系如表 1-1 所示。

公路养护工程技术标准体系　　表 1-1

模块	名　称
基础	《公路养护技术规范》
	《公路水泥混凝土路面养护技术规范》
	《公路沥青路面养护技术规范》
	《公路路基养护技术规范》
	《公路桥涵养护规范》
	《公路隧道养护技术规范》
	《农村公路养护技术规范》
决策	《公路技术状况评定标准》
	《公路路面技术状况自动化检测规程》
	《公路桥梁技术状况评定标准》
	《公路桥梁承载能力检测评定规程》
	《公路桥梁现场检测技术规程》
	《公路桥梁荷载试验规程》
	《公路隧道病害检测评价与处治指南》
	《公路桥梁耐久性检测评定规程》
设计	《公路沥青路面养护设计规范》
	《公路滑坡防治设计细则》
	《公路桥梁加固设计规范》
施工	《公路水泥混凝土路面再生利用技术细则》
	《公路沥青路面再生技术细则》
	《公路桥梁加固施工技术规范》
	《公路隧道加固技术规范》
	《公路养护安全作业规程》
评价	《公路桥梁加固工程质量检验评定标准》
	《公路养护工程质量检验评定标准》
造价	《公路养护工程预算编制导则》
	《公路隧道养护工程预算定额》
	《公路桥梁加固工程预算定额》
	《高速公路养护成本定额》
	《高速公路养护成本预算编制办法》
	《公路养护工程量标准清单及计量规范》
	《农村公路养护定额》

下面将重点介绍《公路养护技术规范》(JTG H10)和《公路沥青路面养护技术规范》(JTJ 073.2)。

1)《公路养护技术规范》

《公路养护技术规范》属于公路养护综合类技术标准，规范明确了公路养护工作的总体要求和具体内容，提出了公路各工程的养护标准要求，主要包括总则、术语、路基、路面、桥梁涵洞与渡口、隧道、路线交叉、公路防灾与突发事件处置、交通工程及沿线设施、公路绿化与环境保护、公路养护作业安全、技术管理等章节内容，涵盖了针对公路路基、路面、桥涵、隧道、交叉口、交通工程、绿化及沿线附属设施等的巡查检测、日常保养、病害处治、大中修养护工程等的工作标准和要求。主要概括如下：

（1）路基养护

规定了路基养护的工作内容和标准要求，包括路肩、边坡、排水设施、挡土墙、透水路堤、特殊地区路基、路基翻浆与沉陷处治以及路基局部改建等内容，如图 1-19、图 1-20 所示。

图 1-19　整修路基边坡

图 1-20　疏通排水设施

（2）路面养护

分别基于沥青路面、水泥路面、砌块路面和砂石路面，规定了其养护工作内容和技术要求。其中，针对沥青路面，提出了日常养护管理工作内容的要求，并对数据检测评定、养护决策、工程材料、工艺以及涉及的技术要求进行了总体说明，指导沥青路面养护工作的开展，如图 1-21 所示。

图 1-21　修补路面

（3）其他工程养护

其他工程包括桥梁、涵洞、隧道、交叉口、交通工程、沿线设施及绿化等，规范明确了各工程的日常检查工作要求和养护工作内容，如图 1-22 所示。另外，规范还规定了对于公路洪水、冰雪、风沙等自然灾害的防治措施以及出现的突发事件的处治要求，如图 1-23 所示。

图 1-22　修补桥梁裂缝

（4）安全作业与技术管理

提出了公路养护安全作业的要求和相应的措施方法，如图 1-24 所示，具体内容参见《公路养护安全作业规程》；技术管理部分提出了信息化、养护工程、公路检查、档案资料等工作的管理内容和工作要求。

图 1-23　公路应急抢通

图 1-24　公路养护交通安全组织

2)《公路沥青路面养护技术规范》

《公路沥青路面养护技术规范》属于沥青路面养护综合类技术标准，是《公路养护技术规范》中有关沥青路面养护技术内容的细化，主要针对沥青路面养护工作内容、基本要求及相应标准、各种养护措施的适应性、材料、工艺、设备等进行总体说明，主要包括总则、术语符号、养护内容与质量标准、路况调查与评价、日常保养、常见病害的维修、罩面、翻修与再生利用、补强、加宽等章节，涵盖了沥青路面的检测、评价、决策、日常保养、小修、养护工程等内容。主要概括如下：

(1)明确了沥青路面的养护内容与质量标准

明确了沥青路面的养护工作细分为日常巡视与检查、小修保养和养护工程等，重点说明了养护工作的内容要求、材料及机具配备要求以及需要达到的质量标准。

（2）提出了沥青路面的路况调查、评价及决策方法

提出了沥青路面病害的分类分级方法，并明确了相应的数据调查内容、检测频率、评价方法以及相应的养护对策选择标准。

（3）规定了各类养护工程的具体工作要求

规定了日常保养、常见病害的维修、罩面、翻修与再生利用、补强和加宽等养护工程的技术要求，包括适用条件、材料选择、工艺控制、机具设备及质量控制等。

1.3.2　地方技术标准

由于我国地域辽阔，自然环境复杂多样，为更好地指导、规范地区养护工作，各地区基于国家及行业技术标准，结合本地区实际情况编制了大量的地方技术标准或者单项技术标准。如山东省编制了地方技术标准《大粒径透水性沥青混合料应用技术规程》，如图 1-25 所示，不仅指导、规范了本地区大粒径透水性沥青混合料的设计、施工等养护工作，而且全国其他地区也可借鉴和应用；江苏省编制了地方标准《江苏省高速公路养护工程施工安全技术规程》，如图 1-26 所示，主要指导高速公路养护工程作业的安全管理工作。

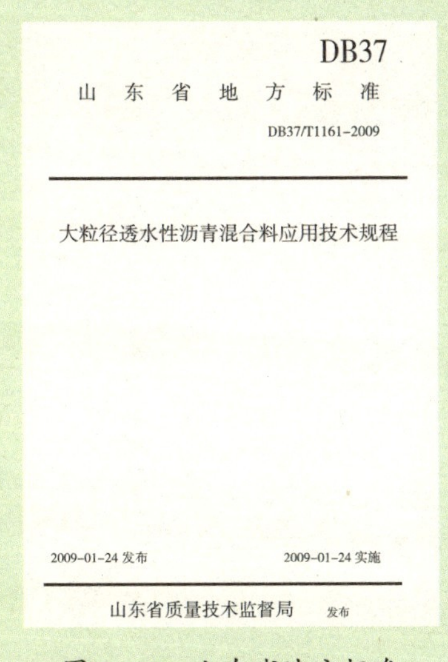
DB37
山　东　省　地　方　标　准
DB37/T1161-2009

大粒径透水性沥青混合料应用技术规程

2009-01-24 发布　　2009-01-24 实施

山东省质量技术监督局　发布

图 1-25　山东省地方标准

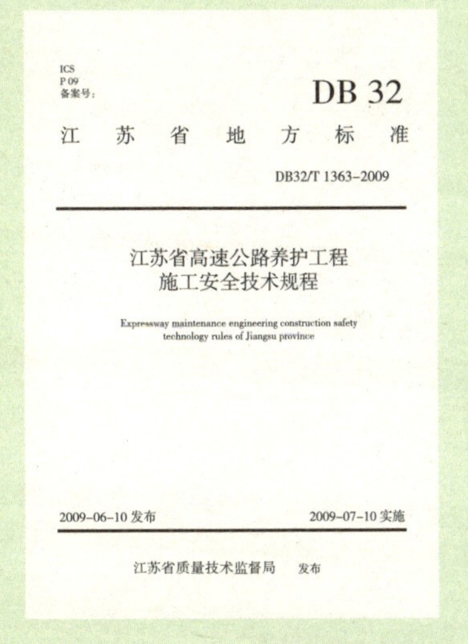
ICS
P 09
备案号：
DB 32
江　苏　省　地　方　标　准
DB32/T 1363-2009

江苏省高速公路养护工程
施工安全技术规程

Expressway maintenance engineering construction safety technology rules of Jiangsu province

2009-06-10 发布　　2009-07-10 实施

江苏省质量技术监督局　发布

图 1-26　江苏省地方标准

1.3.3　企业技术标准

为更好地指导各种新技术的应用，部分企业编写了企业技术标准。企业技术标准多是针对某些专项技术编写的，是细化的指导标准。如中公高科养护科技股份有限公司编写了《海母（HiRM）高性能半柔性路面再生技术指南》，在技术介绍、材料要求、施工工艺、施工质量

控制等方面对高性能半柔性路面再生技术进行了详尽的规定，保证该技术使用过程中有据可依；深圳魁道实业有限公司编写了《沥青路面完全封层预防性养护操作手册》，以指导魁封带和 CAP 封层的应用，其中对技术的适用条件、材料要求、施工工艺等提出了详细的操作要求，指导两种材料的应用过程。

第2章

公路沥青路面养护基础知识

公路是我国的重要基础设置，是在指定位置人为修建的带状构筑物，包含路基、路面、桥梁、隧道、涵洞等构筑物，并配备有必要的防护设施、排水设施及交通标志。公路用于连接各城镇、乡村以及工矿基地等，主要供汽车行驶，要达到规定的技术标准，并经交通运输主管部门或公路管理机构验收合格。

其中，全封闭、全立交、全部控制出入口，专供汽车分道高速行驶的公路称为高速公路。

2.1 公路基础知识

2.1.1 公路组成

公路组成是指公路工程包含的内容。主要有：路线、路基、路面、桥梁、涵洞、隧洞、交通工程及沿线设施。

1）路线

路线是指公路的空间线形，包括平面、横断面和纵断面三部分。三部分合成一个整体，并且必须符合技术、经济和美学上的要求，如图 2-1 所示。

2）路基

路基是公路线形构筑物的主体，也是路面的基础，它与路面共同承受行车荷载的作用，包括土石方工程、排水工程、防护工程和附属工程等。它是根据路线所通过的地形、地质和土壤情况，设计各种不同的横断面形式，如图 2-2 所示。

3）路面

路面是公路的行车部分，如图 2-3 所示，路面工程的质量有特别的重要性，在各种气候影响下，要求路面坚固、稳定、平整、抗滑、耐久。

4）桥涵

桥梁、涵洞包括各种形式的特大桥、大桥、中桥、小桥、涵洞等。凡单孔标准跨径小于

图 2-1　线形良好的公路

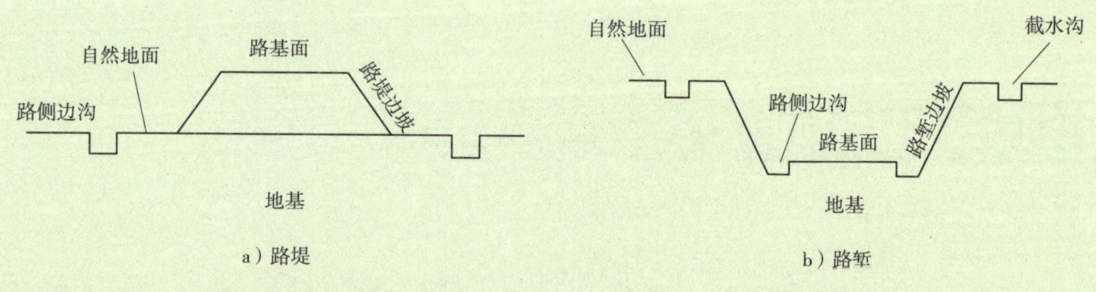

图 2-2　公路路基形式

图 2-3　路面

5m 的，或多孔跨径总长小于 8m 的都叫涵洞，如图 2-4 所示，跨径大于上述规定的叫桥梁，如图 2-5 所示。

图 2-4　涵洞

图 2-5　桥梁

5）隧洞

隧洞包括隧道、明洞和半隧道，如图 2-6 所示。其突出的优点：既有利于缩短公路里程又有利于国防上的隐蔽。

6）交通工程及沿线设施

交通工程及沿线设施包括交叉路口（平面交叉、环形交叉、立体交叉）、道路照明、安全设施（护栏、隔离带等）、标志牌、标线、里程碑、绿化、渡口码头等。

高速公路沿途还设有管理设施（如收费站）和服务设施（如加油站、停车场、汽车修理厂、旅馆、饭店等），高速公路服务区如图 2-7 所示。

图 2-6 隧道

图 2-7 高速公路服务区

2.1.2 公路等级划分

根据《中华人民共和国公路法》《国务院办公厅关于印发农村公路管理养护体制改革方案的通知》(国办发〔2005〕49 号)，我国公路按行政等级和技术等级进行划分。

1）公路行政等级划分

公路按其在公路网中的地位，分为国道、省道、县道、乡道和村道。另外公路网中还有一部分由工矿、农林、军队等部门投资修建，主要为该部门使用的公路，称为专用公路。

（1）国道

国道是指公路网中具有全国性经济、政治意义的干线公路，包括重要的国际公路，国防公路，连接首都与各省、自治区首府和直辖市的公路，连接各大经济中心、港站枢纽和战略要地的公路。国道编号由字母“G”和数字组成。

普通国道编号中包含三位数字，其数字编号的第一位用“1、2、3、5”分别标识首都放射线、北南纵线、东西横线和联络线，以全国为范围编制系列顺序号。首都放射线编号，从正北方向起，总体上按顺时针方向排列编号。北南纵线编号，按路线的纵向排列，总体上由东向西顺序编号。东西横线编号，按路线的横向排列，总体上由北向南顺序编号。纳入普通国道的地区环线或城市绕城环线编号，可纳入首都放射线的编号区间。普通国道联络线的编号，在全国范围内总体上按照路线起点位置由北向南的顺序编号，起点位于同一纬度附近的路线按照由东向西的顺序编号。普通国道编号标志及里程碑如图 2-8、图 2-9 所示。

图 2-8　普通国道编号标志

图 2-9　普通国道里程碑

国家高速公路的主线编号，由国道标识符“G”和一至两位数字编号组配表示；城市绕城环线、联络线和并行线编号，由国道标识符“G”和四位数字编号组配表示。首都放射线数字编号为一位数，总体上由正北开始按顺时针方向升序编排。北南纵线数字编号为两位奇数，总体上由东向西按升序编排。东西横线数字编号为两位偶数，总体上由北向南按升序编排。地区环线数字编号为两位数，其中第 1 位为“9”，在全国范围总体上按照由北向南的顺序编排。城市绕城环线的数字编号为四位数，由两位主线编号加一位识别号“0”再加一位顺序号组成，即 G××0×，在全国范围内统一编排。

国家高速公路编号标志及里程牌如图 2-10、图 2-11 所示。

图 2-10　国家高速公路编号标志

图 2-11　国家高速公路里程牌

（2）省道

省道是指具有全省（自治区、直辖市）经济、政治意义，连接省内中心城市和主要经济区的公路，以及不属于国道的省际的重要公路。省道编号，以省级行政区域为范围编制，由字母“S”和数字组成。

普通省道编号中包含三位数字，其数字编号的第一位用“1、2、3、5”分别标识省会放射线、北南纵线、东西横线和联络线，以省级行政区域为范围编制系列顺序号。编号规则可参照普通国道。

普通省道编号标志及里程碑如图 2-12、图 2-13 所示。

S203

图 2-12　普通省道编号标志

图 2-13　普通省道里程碑

省级高速公路的主线编号规则宜与国家高速公路主线的编号规则保持一致，由省道标识符“S”加一到两位数字编号组配表示；省级高速公路城市绕城环线和联络线的编号，宜由省道标识符“S”加两位数字编号组配表示。

（3）县道

县道是指具有全县（县级市）经济、政治意义，连接县城和县内主要乡（镇）、主要商品生产和集散地的公路，以及不属于国道、省道的县际公路。

县道编号由字母“X”和数字组成，编号宜在本省级行政区域内，以县（县级市）或地区（地级市）级行政区域为范围编制系列顺序号，也可按省级行政区域为范围顺序编号，如图 2-14 所示。

（4）乡道

乡道是指主要为乡（镇）内部经济、文化、行政服务的公路，以及不属于县道以上公路的乡与乡之间及乡与外部联络的公路。

乡道编号由字母“Y”和三位数字组成，宜在本省级行政区域内，以县（县级市）级行政区域为范围编制顺序号，也可按地区（地级市）级或省级行政区域为范围编制系列顺序号，如图 2-15 所示。

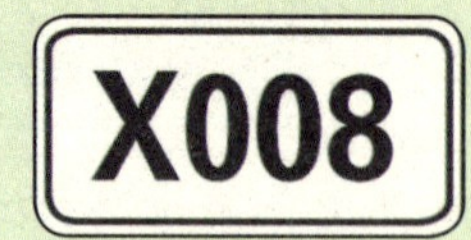

图 2-14　县道编号标志

图 2-15　乡道编号标志

（5）村道

村道是指直接为农村生产、生活服务，不属于乡道及以上公路的建制村之间和建制村与乡镇联络的公路，如图 2-16 所示。

图 2-16　村道

村道编号由字母“C”和三位数字组成，宜以县（县级市）级行政区域为范围顺序编制顺序号。

（6）专用公路

专用公路是指专供或主要供厂矿、林区、农场、油田、旅游区、军事要地等与外部联系的公路，如图 2-17 所示。专用公路编号由字母“Z”+三位数字组成。宜以各省级行政区域为范围编制系列顺序号。公路、林业、农垦、油田、矿区等行业管理养护的专用公路需要加以区别时，其编号可分别列入本省（自治区、直辖市）专用公路编号中的不同系列区间。

图 2-17　三峡专用公路

2）公路技术等级划分

根据《公路工程技术标准》，我国公路按技术等级分为高速公路、一级公路、二级公路、三级公路和四级公路五个等级。

高速公路为专供汽车高速、分向、分车道行驶并应全部控制出入的多车道公路，如图2-18所示。

图 2-18　四车道高速公路

普通公路包含一级公路、二级公路、三级公路和四级公路，如图2-19所示。各等级公路技术标准如表2-1所示。

a）一级公路

b）二级公路

c）三级公路

d）四级公路

图 2-19　普通公路

各等级公路技术标准　　表 2-1

公路等级	高速公路			一级公路			二级公路		三级公路		四级公路	
设计速度（km/h）	120	100	80	100	80	60	80	60	40	30	30	20
车道数	≥ 4			≥ 4			2		2		2（1）	
年平均日设计交通量（辆）	> 15 000			> 15 000			5 000~15 000		3 000~6 000		< 2 000（400）	

注：设计交通量为折合小汽车交通量。

另外，在我国现有公路总里程中，还有一部分数量的公路达不到最低技术等级（四级公路）的要求，称为等外公路。

2.1.3　公路类型划分

1）公路功能类型

不同行政等级的公路在公路网中分别具有不同的功能和地位，主要分为机动性和通达性。根据上述功能可将国家公路网分为干线公路、农村公路和专用公路三类，如图 2-20 所示。

2）公路路面类型

路面是用各种材料铺筑在路基上供车辆行驶的层状构造物。为提高行车速度、增强安全性和舒适性，降低成本和延长使用年限，路面必须具有足够的承载能力、稳定性、耐久性、表面平整性和表面抗滑性。

按照公路路面的材料类型，公路路面分类如图 2-21 所示，各类型路面如图 2-22 ~ 图 2-26 所示。

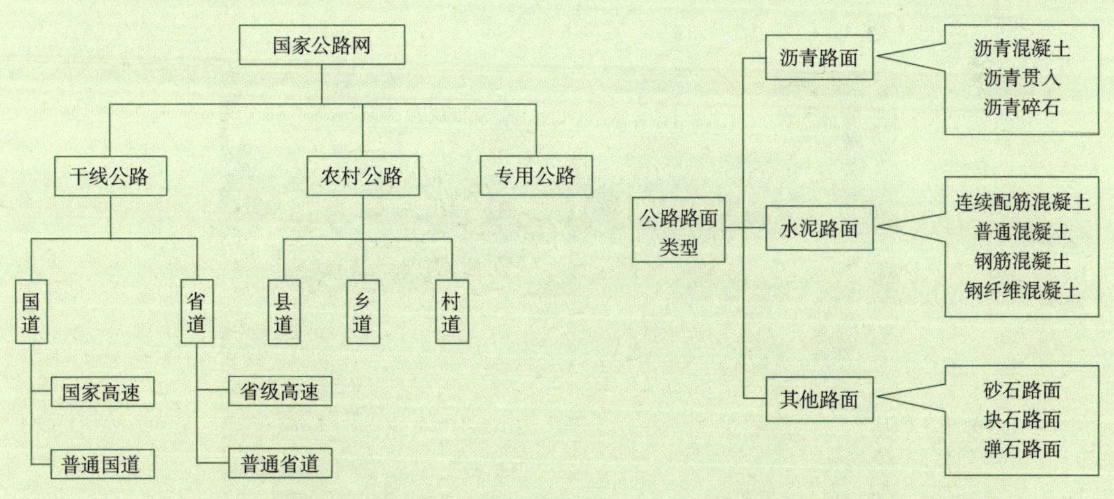

图 2-20　公路功能类型划分

注：普通国道和普通省道又称为“普通干线”。

图 2-21　公路路面类型划分

图 2-22　沥青路面

图 2-23　水泥混凝土路面

图 2-24　块石路面

图 2-25　弹石路面

图 2-26　砂石路面

2.2　沥青路面基础知识

2.2.1　沥青路面结构层划分

沥青路面结构层一般由面层、基层和垫层组成，根据公路等级的不同，面层又分为两层或三层。其中，面层之间设置黏层，面层与基层之间设置下封层、透层，如图 2-27 所示。

1）面层

面层是路面结构层中最上面一层，直接承受行车荷载作用和自然环境的影响，并将荷载传递到基层和路基。面层可为双层或三层。双层结构为表面层、下面层，一般用于普通公路；三层结构为表面层、中面层、下面层，一般用于高速公路。面层要有足够的强度、平整度、抗滑性、耐磨性等。

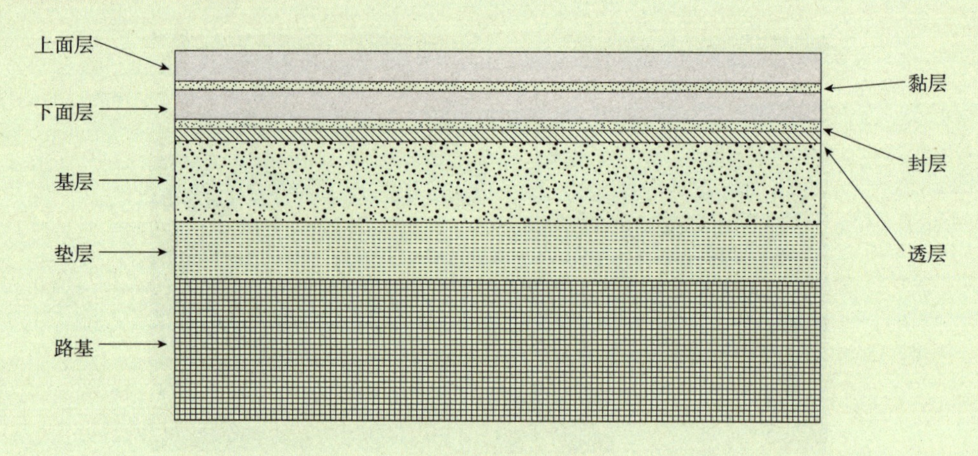

图 2-27　公路路面结构层划分示意图

面层的层数和厚度依据公路等级、交通量等因素确定。

2）基层

基层是设置在面层之下的结构层。主要承受由面层传递来的车辆荷载，并将荷载分布到垫层或土基上。基层可分为基层和底基层。基层较厚需分两层施工时，可分别称为上基层、下基层。基层要求具有较高的强度和适宜的刚度。

3）垫层

垫层是基层（或底基层）和土基之间的结构层。其目的是加强土基、改善基层的工作条件，主要起稳定、隔水、排水、防冻、防污等作用。

4）封层

封层是为封闭表面空隙、防止水分侵入而在沥青面层或基层上铺筑的有一定厚度的沥青混合料薄层。

封层有上封层和下封层。铺筑在面层表面时称为上封层，铺筑在面层与基层之间时称为下封层。

5）黏层

黏层是指为加强路面沥青层与沥青层之间、沥青层与水泥混凝土路面之间的黏结而洒布的沥青材料薄层。

6）透层

透层是为使沥青面层与非沥青材料基层结合良好，在基层表面喷洒液体沥青、乳化沥青、煤沥青而形成的透入基层表面一定深度的薄层。透层主要起层间联结作用。

下封层与透层的区别：下封层的目的在于封闭表面，不一定要求透下去；透层要求渗入到基层内一定的深度。

2.2.2　沥青路面面层类型

沥青面层类型主要是根据使用沥青混合料的类型进行划分，沥青混合料按照粒径、级配及空隙率大小可分为以下几类，如表 2-2 所示。

沥青混合料分类　　表 2-2

序号	名　称	简写	说　明
1	密级配沥青混凝土	AC	适用于各级公路沥青面层的任何层次
2	沥青玛蹄脂碎石混合料	SMA	适用于表面层、中面层或加铺磨耗层
3	半开级配沥青碎石混合料	AM	设计空隙率 6%~12%，适用于三级及以下公路，表面设防水上封层
4	密级配沥青稳定碎石混合料	ATB	设计空隙率 3%~6%，也称为大粒径沥青碎石混合料，适用于下面层、基层
5	排水式沥青稳定碎石混合料	ATPB	设计空隙率大于 18%，适用于排水基层
6	排水式开级配磨耗层	OGFC	设计空隙率大于 18%，适用于高速公路排水式沥青路面磨耗层

2.2.3　沥青路面基层类型

沥青路面基层应具有足够的强度和刚度；足够的水稳性和冰冻稳定性；足够的抗冲刷能力；较小的干缩和温缩变形；表面平整、密实，路拱与面层一致；与面层具有良好的结合性。

沥青路面基层按力学性质分为半刚性基层、柔性基层、刚性基层和组合式基层，各类基层的特点及材料如表 2-3 所示，不同材料的基层如图 2-28 ~ 图 2-33 所示。

沥青路面基层类型　　表 2-3

基层类型	特　点	主要材料
半刚性基层	用水泥、石灰等无机结合料处治的土或碎（砾）石及含有水硬性结合料的工业废渣修筑的基层	水泥土、水泥稳定粒料 石灰土、石灰稳定粒料 石灰粉煤灰土（二灰土），石灰粉煤灰稳定粒料
柔性基层	包括无胶结料的粒料基层和沥青胶结的碎（砾）石基层	级配碎（砾）石 沥青稳定类碎石
刚性基层	用水泥混凝土做基层	普通混凝土、钢筋混凝土、连续配筋混凝土、钢纤维混凝土、碾压式混凝土、贫混凝土等
组合式基层	由柔性基层与半刚性基层或刚性基层组合形成的基层	如：级配碎石 + 无机结合料稳定材料层；级配碎石 + 普通水泥混凝土层；级配碎石 + 碾压式水泥混凝土层

图 2-28　级配碎石基层

图 2-29　大粒径沥青混合料基层

图 2-30　水泥稳定碎石基层

图 2-31　石灰土基层

图 2-32　二灰土基层

图 2-33　二灰碎石基层

2.3 沥青路面养护作业分类

沥青路面养护作业根据其工作内容、复杂程度、规模大小划分为日常养护、预防养护、修复养护。

2.3.1 日常养护

对公路及其沿线设施经常进行维护保养和修补其轻微损坏部分的作业，主要工作内容有：

（1）清扫路面泥土、杂物，如图 2-34 所示。

（2）拦水带（路缘石）的刷白、修理，如图 2-35 所示。

（3）排除路面积水、积雪、积冰，铺设防滑料，如图 2-36 所示。

（4）清理边沟、排水沟、涵洞，修整边坡等。

a) 人工作业

b) 机械作业

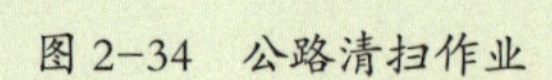

图 2-34 公路清扫作业

a) 人工作业

b) 机械作业

图 2-35 路缘石刷白

a) 人工作业

b) 机械作业

图 2-36　公路除雪除冰

2.3.2　预防养护

在路面尚未出现病害或只有轻微缺陷与病害时，为了保持路面的良好状态，防止病害的进一步扩展和减缓路面使用性能的恶化速率，在不增加结构承载能力的前提下，在适当的时间，采取相应的技术措施用以维持或改善路面的功能状况，延长路面使用寿命，提升路面服务水平，如图 2-37 所示。

图 2-37　预防性养护工程实施

2.3.3　修复养护

在路面出现明显病害的情况下，以恢复技术状况为目标，对路面的不同程度损坏而进行的功能性、结构性修复，包含传统意义上的小修、中修和大修。

修复养护主要工作内容一方面是对路面的轻微表观病害进行处治，包含修补路面裂缝、坑槽、沉陷，处理波浪、局部龟裂、啃边等，如图 2-38、图 2-39 所示；一方面是采用直接加铺、铣刨加铺、翻修加铺等形式对沥青路面的功能性或结构性病害进行全面的处治，如图 2-40 所示。

图 2-38　路面裂缝修补

a) 人工作业

b) 机械作业

图 2-39　路面坑槽修补

图 2-40　公路修复养护工程

第3章

沥青路面技术状况检测与评定

公路沥青路面技术状况检测是指人工或利用设备，对沥青路面的病害、行驶质量、安全、强度等各方面使用性能的特征和参数进行的调查和检测，并收集记录检测信息与数据。沥青路面技术状况评定是在上述检测数据的基础上，对结果进行计算分析并得出特定技术结论的过程。

举例来讲，路况检测评定的工作过程就相当于身体检查，其中，准备工作相当于信息登记，路况检测相当于全面体检，数据处理相当于样本化验，路况评定相当于健康评估，基于本章节内容形成的评定结果而进行的养护分析相当于治疗建议，而成果制作则相当于形成体检报告（图3-1）。

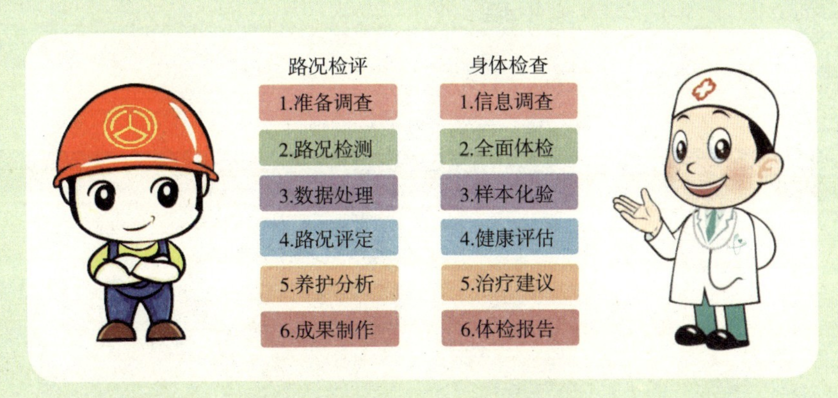

图3-1　路况检评工作过程示意图

公路沥青路面技术状况检测与评定的目的：

（1）为路网级养护科学决策提供客观依据，合理测算养护需求、优化分配养护资金、科学制定中长期养护规划和年度养护计划。

（2）为项目级养护工程设计提供客观依据，科学诊断路面病害特征及原因、合理设计路面结构及材料、优化比选养护技术方案。

（3）为日常养护过程中的小修保养质量考核及具体任务分配提供客观依据，公平考核小修保养工作质量、客观测算灌缝或挖补等各项小修工程的实施工程量及费用。

（4）客观评估养护对策的实施效果，科学合理控制养护工程质量。

3.1 沥青路面技术状况检测的内容、频率和依据

3.1.1 沥青路面技术状况检测内容及频率

沥青路面技术状况检测内容及频率如表 3-1 所示。

沥青路面技术状况检测内容及频率　　表 3-1

检测指标 \ 应用目的	路网级养护决策	项目级养护设计	日常养护任务安排
平整度	一年一次	—	—
路面破损	一年一次	详细调查	一月一次
中面车辙	一年一次	根据项目需要进行补充调查	根据工作需要安排检测
路面抗滑性能	两年一次	根据项目需要进行补充调查	根据工作需要安排检测
路面结构强度	—	优先检测有修复养护需求的路段	—

3.1.2 沥青路面技术状况检测依据

沥青路面技术状况检测依据如表 3-2 所示。

沥青路面技术状况检测依据　　表 3-2

检测方法	检测依据
人工检测	《公路技术状况评定标准》 《路基路面现场测试规程》
快速检测	《公路技术状况评定标准》 《路面技术状况自动化检测规程》

注：目前，《公路技术状况评定标准》正在进行修订，具体依据应以修订后的版本为准。

3.2 路面平整度检测

路面平整度的检测指标为国际平整度指数（IRI），单位为 m/km。

3.2.1 路面平整度人工检测

路面平整度人工检测时主要采用 3m 直尺和塞尺（图 3-2）。

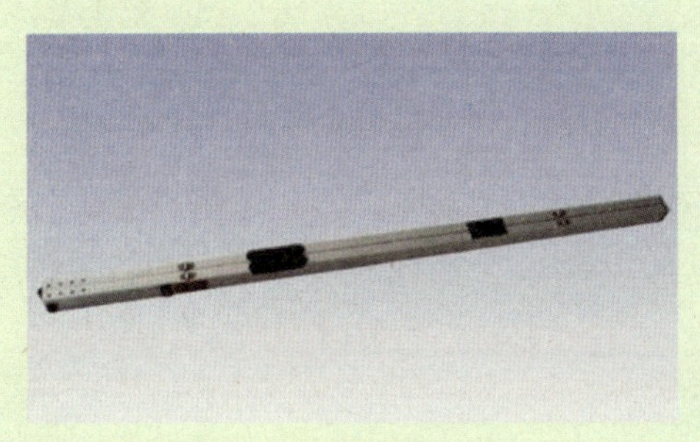

a）3m 直尺

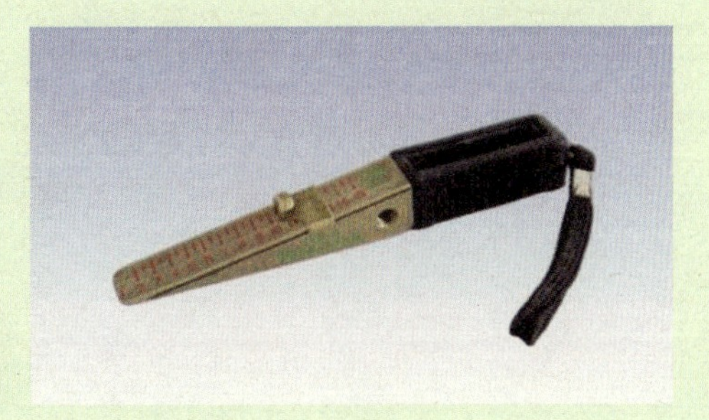

b）塞尺

图 3-2　平整度人工检测工具

测量时，测量指标为直尺与路面间的最大间隙 L_s（单位为 mm）。检测时每 100m 路段应测量不少于 1 处，每处连续测量 10 尺。测量指标为最大间隙（单位为 mm），取连续 10 尺测得的直尺与路面的最大间隙的平均值。

通过 3m 直尺得到的测量数据应转化成国际平整度指数 IRI，以此来评价路面的平整度，转化关系如式（3-1）所示。

$$IRI=0.380\,3L_s-0.457\,3 \tag{3-1}$$

式中：IRI——国际平整度指数（m/km）；

L_s——3m 直尺测试最大间隙（mm）。

3.2.2　路面平整度快速检测

路面平整度快速检测宜采用高精度断面类的车载式检测设备。激光平整度测试仪是目前最为高效且应用广泛的断面类检测设备，平整度检测示意图如图 3-3 所示。

目前我国普遍采用的平整度快速检测装备还可同步采集路面破损、车辙等多项指标，其中应用范围较广的多功能路况采集装备如图 3-4 所示。

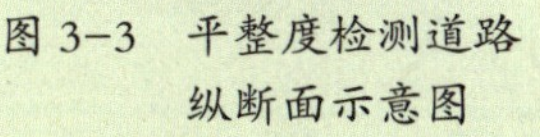

图 3-3　平整度检测道路纵断面示意图

图 3-4　多功能路况快速采集装备

平整度快速检测设备是以 0.1m 以内的间距采集道路纵断面高程数据，以 10m 或 20m 为单元计算国际平整度指数 IRI。

快速检测设备必须定期进行标定，每年至少标定一次，标定的相关系数应大于 0.95，以保证检测数据的一致性和有效性。

检测指标国际平整度指数 IRI 用于计算路面行驶质量指数 RQI，两者之间的换算关系如式（3-2）所示。

$$RQI=\frac{100}{1+a_0e^{a_1 IRI}} \quad (3-2)$$

式中：IRI——国际平整度指数（m/km）；

a_0——高速公路和一级公路采用 0.026，其他等级公路采用 0.018 5；

a_1——高速公路和一级公路采用 0.65，其他等级公路采用 0.58。

3.3 路面破损检测

路面破损的检测指标为路面破损率（DR），单位为 %。

3.3.1 路面破损人工检测

人工检测通常由多人组成的调查小组沿线通过目测配以简单的测量工具进行。调查人员鉴别调查路段上出现的损坏类型和严重程度并丈量损坏范围后，记录在调查表格上，如表 3-3 所示。同一个调查路段上如出现多种损坏或多种严重程度，应分别计量和记录。

沥青路面破损调查记录表　　表 3-3

类型（i）	损坏名称	损坏程度	权 重（w_i）	计 量 单 位
1 2 3	龟裂	轻 中 重	0.6 0.8 1.0	面积（m^2）
4 5	块状裂缝	轻 重	0.6 0.8	面积（m^2）
6 7	纵向裂缝	轻 重	0.6 1.0	长度（m） （影响宽度：0.2m）
8 9	横向裂缝	轻 重	0.6 1.0	长度（m） （影响宽度：0.2m）
10 11	坑槽	轻 重	0.8 1.0	面积（m^2）
12 13	沉陷	轻 重	0.6 1.0	面积（m^2）
14 15	路面车辙	轻 重	0.6 1.0	长度（m） （影响宽度：0.4m）
16 17	波浪拥包	轻 重	0.6 1.0	面积（m^2）
18 19	松散	轻 重	0.8 1.0	面积（m^2）
20	泛油		0.2	面积（m^2）
21	修补		0.1	面积（m^2）

注：目前，《公路技术状况评定标准》正在修订，此表与现行《公路技术状况评定标准》（JTG H20）中规定内容略有不同，体现出一定的修订思路，仅供参考，最终调查表应以正式发布的版本为准。

1）路面破损类型

沥青路面损坏可分为裂缝类、变形类及其他三大类，共 11 种病害。

（1）裂缝类路面病害

①龟裂

龟裂是沥青路面最为常见的一种裂缝形式，在路面上表现为相互交错的小网格状裂缝，因其形状类似乌龟背壳而被称为龟裂。按裂缝块度、缝宽的大小及裂缝有无变形，将龟裂分为轻和重两种（图 3-5）。

a）轻度龟裂

b）重度龟裂

图 3-5　龟裂

轻：初期裂缝，裂区无变形、无散落，缝细，主要裂缝宽度在 2mm 以下，主要裂缝块度在 0.2~0.5m 之间，损坏按面积计算。

重：龟裂特征显著，裂块较小，裂缝区有散落、变形，主要裂缝宽度大于 2mm，部分裂缝块度小于 0.2m，损坏按面积计算。

龟裂是沥青路面最主要的结构性病害之一。龟裂产生的主要原因是：在行车荷载的反复作用下，沥青面层和其下的半刚性基层等整体性材料逐渐失去承载能力，疲劳破坏就会产生，龟裂主要出现在荷载作用的轮迹处。由于承载能力不足产生的龟裂在路面结构中都是自下而上产生的，裂缝贯穿整个路面结构。

②块状裂缝

块状裂缝表现为纵向和横向裂缝的交错而使路面分裂成近似呈直角的多边形大块，块状裂缝的网格在形状和尺寸上都有别于龟裂。按照裂缝块度和裂缝宽度的大小，将块状裂缝分为轻、重两种等级（图 3-6）。

轻：缝细、裂缝区无散落，裂缝宽度在 3mm 以内，大部分裂缝块度大于 1.0m，损坏按面积计算。

重：缝宽、裂缝区有散落，裂缝宽度在 3mm 以上，主要裂缝块度在 0.5 ~ 1.0m 之间，损坏按面积计算。

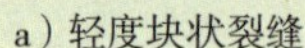

a）轻度块状裂缝

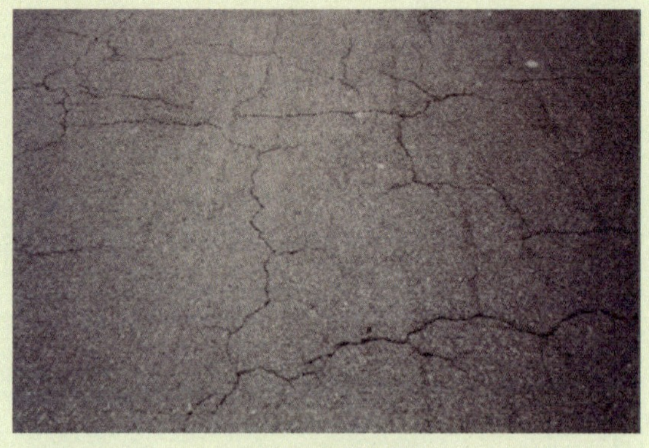

b）重度块状裂缝

图 3-6　块状裂缝

损坏的统计按块状裂缝外接矩形面积计量，测量时分别实地丈量并记录块状裂缝的外接矩形长和宽，然后计算损坏面积。如同一片区域中存在不同严重程度的块状裂缝损坏且无法进行分块区分时，应按其中最重的严重程度记录和统计。

块状裂缝主要是由面层材料的低温收缩和沥青老化所引起。块状裂缝范围较大，有可能出现在整个路面宽度内。

③纵向裂缝

纵向裂缝是与公路纵向施工缝大致平行的单条裂缝，有时伴有少量支缝，按裂缝宽度大小及裂缝边缘的破坏情况分为轻、重两种等级（图 3-7）。

轻：缝细、裂缝壁无散落或有轻微散落，无支缝或有少量支缝，裂缝宽度在 3mm 以内，损坏按长度计算，检测结果要用影响宽度（0.2m）换算成面积。

重：缝宽、裂缝壁有散落、有支缝，主要裂缝宽度大于 3mm，损坏按长度（m）计算，检测结果要用影响宽度（0.2m）换算成面积。

纵向裂缝长度按裂缝在行车方向的投影长度实地丈量或目测估计，如同一条裂缝的不同部分损坏程度不同，应根据不同的损坏程度分段测量和统计。

a）轻度纵向裂缝

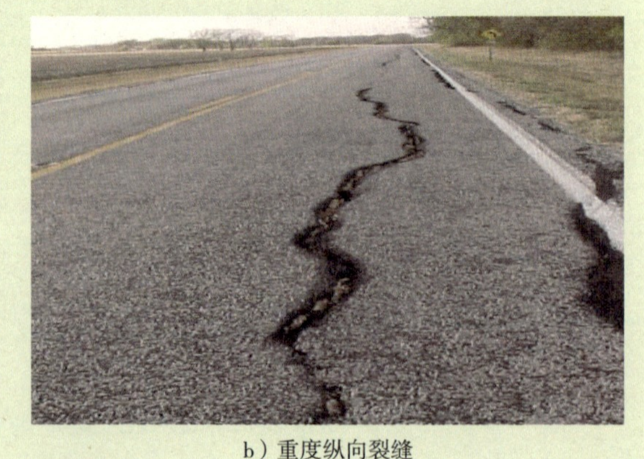

b）重度纵向裂缝

图 3-7　纵向裂缝

纵向裂缝产生的主要原因如下：

·在重复荷载作用下，路面承载能力逐渐不足，就会在经常承受荷载的路面轮迹带处首先产生多条平行的小纵缝，逐渐发展就会成为龟裂。

·由于不均匀沉降和裂缝的反射作用也会在路表产生纵缝。在半填半挖路基的分界处、新旧路结合部或路面加宽处，由于路基压实不够，发生不均匀沉降，这些位置就会产生纵向裂缝。

·混合料摊铺时纵向施工搭接质量不好，或者老路面层纵向裂缝的反射作用，往往会导致路面产生纵向裂缝。

④横向裂缝

横向裂缝是与道路中线近似垂直的裂缝，有时伴有少量支缝。按裂缝宽度大小及裂缝边缘的破坏情况分为轻、重两种等级，如图 3-8 所示。

a）轻度横向裂缝

b）重度横向裂缝

图 3-8　横向裂缝

轻：缝细、裂缝壁无散落或有轻微散落，裂缝宽度在 3mm 以内，损坏按长度计算，检测结果要用影响宽度（0.2m）换算成面积。

重：缝宽、裂缝贯通整个路面、裂缝壁有散落并伴有少量支缝，主要裂缝宽度大于 3mm，损坏按长度计算，检测结果要用影响宽度（0.2m）换算成面积。

横向裂缝长度按裂缝在垂直于行车方向的投影长度实地丈量或目测估计，如同一条裂缝的不同部分损坏程度不同，应根据不同的损坏程度分段测量和统计。

横向裂缝产生的主要原因如下：

·当沥青劲度过大或沥青较硬时，气温的下降就容易导致横向裂缝。因此在气候寒冷地区横缝是一种较为常见的裂缝形式。由低温收缩产生的横向裂缝是自上往下发展的，初期裂缝一般细且浅。

·半刚性基层裂缝或旧路面裂缝的反射裂缝也是沥青路面产生横向裂缝的一个重要原因。

由于反射裂缝产生的横向裂缝是一种自下而上发展的裂缝，因此反映到路面表面时裂缝已经贯穿了整个路面结构。沥青路面与构造物连接处填土压实不足、固结沉陷等也易在相应的位置产生横向裂缝。

（2）变形类路面病害

①坑槽

坑槽是局部集料丧失而在路面表面形成的坑洞，可深及不同的路面结构层次。坑槽面积的有效面积按坑槽外接矩形面积计量，如图 3-9 所示。

图 3-9 坑槽

坑槽产生的主要原因如下：

· 坑槽通常是其他病害如龟裂、松散等未及时处理而逐渐发展形成的。当车轮驶过龟裂、松散等病害区域时有时会带走其中已经碎裂的小块面层材料，坑槽就会出现。

· 单独发生的坑槽可能是由于路面施工质量不好如压实不足、上面层厚度不够引起的，也可能是由水损坏引起。这种类型的坑槽多发生在面层较厚的高等级沥青路面上。

②沉陷

沉陷是路面表面产生的大于 10mm 的局部凹陷变形，是沥青路面主要结构性破坏形式之一。按沉陷深度大小及对行车舒适性的影响将此类损坏分为轻、重两个等级，如图 3-10 所示。

轻：深度在 10~25mm 之间，正常行车无明显感觉，损坏按面积计算。

重：深度大于 25mm，正常行车有明显感觉，损坏按面积计算。

沉陷产生的主要原因是路基不均匀沉降、路面局部开挖回填压实不足或桥涵台背填土不实。路面基层结构损坏或不稳定也会产生路面的局部沉陷变形。

a）轻度沉陷

b）重度沉陷

图 3-10　沉陷

③车辙

车辙是在沥青路面表面形成的沿轮迹方向大于 10mm 的纵向凹陷。按车辙深度的不同分为轻、重两个等级，如图 3-11 所示。

a）轻度车辙

b）重度车辙

图 3-11　车辙

轻：辙槽浅，深度在 10~15mm 之间，损坏按长度计算，检测结果要用影响宽度（0.4m）换算成面积。

重：辙槽深，深度 15mm 以上，损坏按长度计算，检测结果要用影响宽度（0.4m）换算成面积。

车辙长度可实地丈量或目测估计，车辙深度可按用直尺架在车道上测定直尺与车辙底部的距离。一般来说直尺长度应不短于车道宽度。

车辙可分为结构性车辙和流动性车辙、压实性车辙及磨损性车辙，主要产生原因如下：

· 结构性车辙是由于路面结构层及土基在行车重复荷载作用下，材料压缩产生的永久累积变形，车辙断面一般呈两边高中间低的 V 形，同时常伴有网裂、龟裂和坑槽发生。

· 流动性车辙是炎热季节仅在沥青混凝土层内产生的侧向流动变形而形成的车辙，车辙断面一般呈 W 形，轮迹带处下陷周边隆起。

·压实性车辙是指由于路面施工缺陷如混合料温度过低、压实次数过少等造成沥青层压实度不足，而在行车作用下进一步压密产生的车辙，这类车辙断面一般也呈 W 形。

·磨耗性车辙是指由于重载渠化交通对路面的磨耗作用形成的车辙。

对于二级及以下公路，车辙按照上述标准进行调查，并换算为车辙损坏面积，参与计算路面破损率（DR）。而对于高速公路和一级公路，路面车辙为独立的检测指标，并按车辙深度计算路面车辙深度指数（RDI），参与路面使用性能 PQI 评定，表中的路面车辙损坏面积将不再进行调查，也不参与路面破损率 DR 的计算。

④波浪拥包

波浪拥包指的是由于局部沥青面层材料移动而在路表面形成的有规律的纵向起伏，波峰和波谷间隔很近。波浪拥包是一种对路面行驶质量影响较大的病害形式。按波峰波谷的大小不同将此类损坏分为轻、重两个等级，如图 3-12 所示。

a）轻度波浪

b）重度波浪

图 3-12　波浪

轻：波峰波谷高差小，高差在 10~25mm 之间，损坏按面积计算。

重：波峰波谷高差大，高差大于 25mm，损坏按面积计算。

波浪拥包产生的首要原因是路面材料及设计与施工缺陷。材料配合比设计不合理（如油石比过大、细料过多）、施工质量差，使面层材料不足以抵抗车轮水平力的作用；或者是面层与基层之间存在不稳定夹层、透层质量不合格，面层在行车荷载作用下推移变形就会形成波浪拥包。

（3）其他类路面病害

①松散

松散是一种从路面表面向下不断发展的集料颗粒流失和沥青结合料流失而造成的路面损坏。松散按损坏严重程度的不同分为轻、重两种等级，如图 3-13 所示。

a）轻度松散

b）重度松散

图 3-13　松散

轻：路面细集料散失、脱皮、麻面等表面损坏，损坏按面积计算。

重：路面粗集料散失、脱皮、麻面、露骨，表面剥落、有小坑洞，损坏按面积计算。

松散是由于沥青和集料之间失去黏结而产生的。沥青混合料中沥青用量偏少、施工气温较低、沥青和集料黏附性较差、沥青老化、压实不足或局部集料级配不均匀，都有可能在沥青路面表面形成松散。

②泛油

路面混合料中的沥青向上迁移到路表面，形成一层有光泽的沥青膜，就被称为泛油，泛油损坏不分严重程度等级，如图 3-14 所示。

图 3-14　泛油

泛油主要是由于沥青材料或设计缺陷造成的。沥青高温稳定性差，沥青含量过多、混合料中空隙过少，拌和控制不严是产生泛油的主要原因。施工时黏层油用量偏大，或雨水渗入使下层沥青与石料剥离，在动水作用下，沥青膜剥落上浮也会形成路面表面的泛油。

泛油一般发生在天气炎热时，天冷时又不存在逆过程，因而沥青永久地积聚在路表面，造成路面抗滑能力降低。

③修补

龟裂、坑槽、松散、沉陷、车辙等的修补面积或修补影响面积（裂缝修补按长度计算，影响宽度为 0.2m），如图 3-15 所示。

图 3-15　修补

值得注意的是修补面积范围内再次发生裂缝、沉陷等其他病害时，直接按相应损坏面积计。此外，纵向连续长度超过 10m 的覆盖整条车道的块状修补则不作为病害。

2）调查方法

路面损坏应按上述的损坏类型实地人工丈量检测。同一位置存在多种病害时，损坏面积按病害权重最大的病害面积计。调查范围应包含所有行车道，紧急停车带当作路肩处理。

对检测得到的各类病害通过换算可得到“路面破损率 DR”。人工检测时应以 100m 为单元计算平均破损率。

3.3.2　路面破损快速检测

路面破损快速检测主要是通过安装在检测车上的摄影 / 摄像装备采集路面图像，并将保存的图像数据通过人工判读或机器视觉识别方式来确定路面损坏的类型和数量（图 3-16），供路况评价和养护决策使用。

路面损坏快速检测设备应该纵向连续检测，横向检测宽度不得小于车道宽度的 70%，设备能够分辨 1mm 以上的路面裂缝，检测结果宜采用计算机自动识别，识别准确率应达到 90% 以上。并应以 10m 为单元计算路面破损率。

检测指标路面破损率 DR 用于计算路面损坏状况指数 PCI，两者之间的换算关系如式（3-3）和式（3-4）所示。

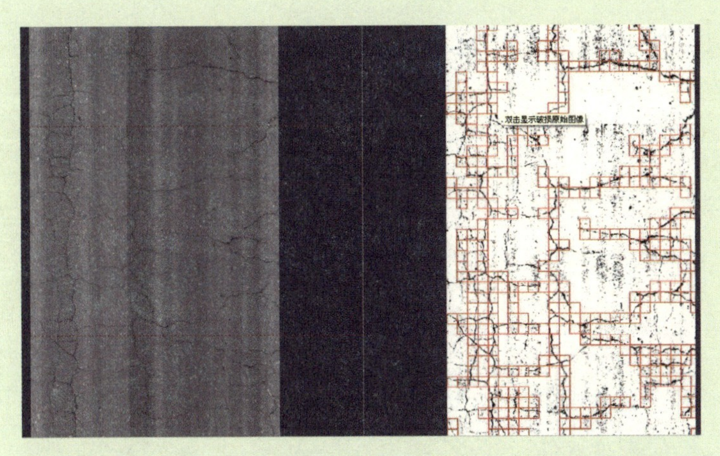

图 3-16　快速检测设备采集路面图像及识别结果

$$PCI=100-a_0DR^{a_1} \tag{3-3}$$

$$DR=\frac{D}{A}\times 100=\frac{\sum\sum A_{ij}w_{ij}}{A}\times 100 \tag{3-4}$$

式中：DR——路面破损率（%）；

D——路面折合破损面积之和（m^2）；

A——路面实际调查的总面积（m^2）；

A_{ij}——第 i 类损坏、第 j 类严重程度的实际破损面积（m^2）；

w_{ij}——第 i 类损坏、第 j 类严重程度的破损权重系数，按标准取值；

a_0——模型参数，沥青路面 a_0=15.00；

a_1——模型参数，沥青路面 a_1=0.412。

3.4　路面车辙检测

路面车辙的检测指标为路面车辙深度（RD），单位为 mm。

3.4.1　车辙人工检测

路面车辙是采用 3m 直尺进行人工检测。检测时每 100m 不少于 1 处进行测量，每处连续测量 10 尺。测量指标为最大间隙，取连续 10 尺测得的直尺与路面的最大间隙的平均值，即为路面车辙深度（图 3-17）。

图 3-17　3m 直尺测量车辙

3.4.2 车辙快速检测

路面车辙检测设备的实质都是测量道路横断面上各点的高程数据信息，然后描述出横断面的形状，据此计算路面车辙深度。目前应用最为广泛的自动化路面车辙检测设备为激光车辙测试仪（图 3-18），路面车辙检测指标为路面车辙深度（RD），应以 10m 为单元分别计算断面左、右车辙深度的平均值，再取大值为 10m 平均车辙深度。

图 3-18　激光车辙测试仪

各种车辙检测设备必须定期进行标定，每年至少标定一次，标定的相关系数应大于 0.95，以保证检测数据的一致性和有效性。

检测指标路面车辙深度 RD 用于计算路面车辙深度指数 RDI，两者之间的换算关系如式（3-5）所示。

$$RDI=\begin{cases}100-a_0RD & (RD\leqslant RD_a)\\ 60-a_1(RD-RD_a) & (RD_a<RD\leqslant RD_b)\\ 0 & (RD>RD_b)\end{cases}\qquad(3-5)$$

式中：RD——车辙深度（Rutting Depth,mm）；

RD_a——车辙深度参数（mm），采用 20mm；

RD_b——车辙深度限值（mm），采用 35mm；

a_0——模型参数，采用 2.0；

a_1——模型参数，采用 4.0。

3.5 路面抗滑性能检测

路面抗滑性能的检测指标为横向力系数（SFC），无量纲。

3.5.1　路面抗滑性能人工检测

路面抗滑性能可采用摆式仪（图 3-19）来进行人工调查。

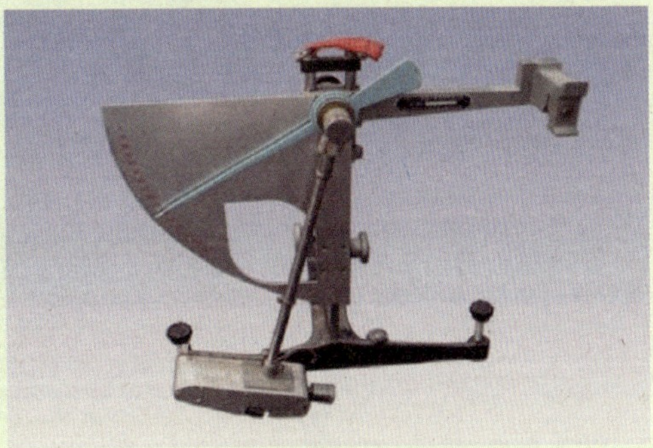

摆式仪是在摆锤底面装一块橡胶滑块，当摆锤从一高度自动下摆时，由于橡胶块与路面之间的摩擦而损耗部分能量，使摆只能回摆到一定高度，表面摩阻力越大，回摆高度越小。摆式仪测量，采用摆值 BPN 作为评价路面抗滑性能的指标。

图 3-19　摆式仪

通过摆式仪得到的摆值（BPN）应转化成横向力系数（SFC），以此来评价路面的抗滑性能，转化关系如式（3-6）所示。

$$SFC=1.98BPN-34 \tag{3-6}$$

式中：SFC——横向力系数；

BPN——摆值。

3.5.2　路面抗滑性能快速检测

路面抗滑性能的快速检测采用基于横向力系数的路面抗滑性能检测设备或其他具有可靠数据标定关系的自动化检测设备（图 3-20）。最终通过横向力系数（SFC）计算路面抗滑性能指数（SRI），以此评价路面抗滑性能。检测时应以 10m 为单元分别计算平均值。

图 3-20　路面抗滑性能检测车

检测指标横向力系数（SFC）用于计算路面抗滑性能指数（SRI），两者之间的换算关系如式（3-7）所示。

$$SRI=\frac{100-SRI_{min}}{1+a_0e^{a_1SFC}}+SRI_{min} \tag{3-7}$$

式中：SFC——横向力系数；

SRI_{min}——标定参数，采用 35.0；

a_0——模型参数，采用 28.6；

a_1——模型参数，采用 -0.105。

3.6 路面结构强度检测

现阶段路面结构强度的检测指标为路面弯沉 L，单位为 mm。

3.6.1 路面结构强度人工检测

路面弯沉的人工测量通常采用贝克曼梁。贝克曼梁通常由铝合金制成，总长为 5.4m，杠杆比（前臂与后臂长度之比）一般为 2：1，如图 3-21 所示。

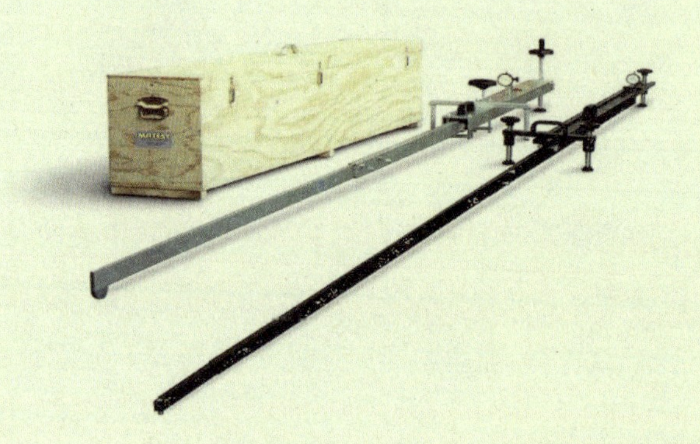

图 3-21 贝克曼梁

检测时采用标准汽车进行加载（图 3-22）。一般路段在行车带上每隔 50~100m 选一测点进行测量。

图 3-22 贝克曼梁测量弯沉值

3.6.2　路面结构强度快速检测

路面弯沉检测宜采用具有可靠数据标定关系的自动化检测设备，检测结果应该能够换算成我国相关技术规范规定的回弹弯沉值 L。抽样检测时，检测范围可控制在养护里程的 20% 以内。路面弯沉自动化检测设备（图 3-23）必须定期标定，每年至少标定一次，标定的相关系数应大于 0.95。

图 3-23　路面自动弯沉仪（ABB）

目前世界上最先进的弯沉测试装置为激光弯沉仪（图 3-24）。它可在高速行驶过程中利用激光多普勒技术测试地面在荷载作用下的垂直下沉速度，再通过分析程序计算出最大弯沉及弯沉盆数据。该设备检测的工作效率极高，一台设备可以负责相当大区域内的弯沉测试需要；但其价格昂贵，且目前应用经验积累较少。

图 3-24　激光弯沉仪

检测指标路面弯沉 L 用于计算路面结构强度指数 PSSI，两者之间的换算关系如式（3-8）和式（3-9）所示。

$$\mathrm{PSSI}=\frac{100}{1+a_0 e^{a_1 \mathrm{SSI}}} \tag{3-8}$$

$$\mathrm{SSI}=\frac{L_d}{L_0} \tag{3-9}$$

式中：SSI——路面结构强度系数（Structure Strength Index）；

L_d——路面设计弯沉，0.01mm；

L_0——路面实测代表弯沉，0.01mm；

a_0——模型参数，采用 15.71；

a_1——模型参数，采用 -5.19。

3.7 沥青路面技术状况检测方法的适用条件

沥青路面技术状况各项指标的检测方法适用条件如表 3-4 所示。

沥青路面技术状况检测方法适用条件　　表 3-4

检测指标	路网级养护决策	项目级养护设计	日常养护任务安排
平整度	鼓励采用快速检测。若采用人工检测，则需转换为国际平整度指数 IRI 进行评定		
路面破损	国省干线采用快速检测，不宜使用人工检测。农村公路鼓励采用快速检测，没有条件的情况下允许人工检测	在参考快速检测结果的基础上，补充人工检测详细病害	以人工检测为主
路面车辙	鼓励采用快速检测，没有条件的情况下允许人工检测		
路面抗滑性能	高速公路、一级公路采用快速检测，其他等级公路可采用人工检测		
路面结构强度	可采用快速检测，但需换算为路面回弹弯沉 L 进行评定		不需检测

3.8 路面技术状况评定

3.8.1 路面技术状况评价指标计算

沥青路面技术状况采用路面使用性能指数（PQI）表示，包含路面损坏（PCI）、平整度（RQI）、车辙（RDI）、抗滑性能（SRI）四项指标。路面的结构强度单独进行评价。

路面使用性能指数计算一般以 1 000m 路段长度为基本评定单元（小于 300m 的不适合单

独评定），计算公式如式（3-10）所示。

$$PIQ=w_{PCI}PCI+w_{RQI}RQI+w_{RDI}RDI+w_{SRI}SRI \quad (3-10)$$

式中：w_{PCI}——PCI 在 PQI 中的权重，按表 3-5 取值；

w_{RQI}——RQI 在 PQI 中的权重，按表 3-5 取值；

w_{RDI}——RDI 在 PQI 中的权重，按表 3-5 取值；

w_{SRI}——SRI 在 PQI 中的权重，按表 3-5 取值。

PQI 分项指标权重　　表 3-5

权　重	高速公路、一级公路	二、三、四级公路
w_{PCI}	0.35	0.60
w_{RQI}	0.40	0.40
w_{RDI}	0.15	—
w_{SRI}	0.10	—

3.8.2　路面技术状况评价等级

沥青路面技术状况分为优、良、中、次、差五个等级。按表 3-6 中规定的标准确定。

公路技术状况评定标准　　表 3-6

评价等级	优	良	中	次	差
路面使用性能指数 PQI	≥ 90	≥ 80，< 90	≥ 70，< 80	≥ 60，< 70	< 60
路面损坏状况指数 PCI	≥ 90	≥ 80，< 90	≥ 70，< 80	≥ 60，< 70	< 60
路面行驶质量指数 RQI	≥ 90	≥ 80，< 90	≥ 70，< 80	≥ 60，< 70	< 60
路面车辙深度指数 RDI	≥ 90	≥ 80，< 90	≥ 70，< 80	≥ 60，< 70	< 60
路面抗滑性能指数 SRI	≥ 90	≥ 80，< 90	≥ 70，< 80	≥ 60，< 70	< 60
路面结构强度指数 PSSI	≥ 90	≥ 80，< 90	≥ 70，< 80	≥ 60，< 70	< 60

第 4 章

沥青路面日常养护与管理

沥青路面日常养护包括日常巡视和检查、日常保养、小修等主要工作，且主要是由基层养护单位负责实施。日常养护是公路养护最重要的一部分内容，同时也是基层养管单位的主要工作，从事基层养护工作的人员应能够熟练掌握路面日常养护的相关工作内容。

4.1 日常巡查

4.1.1 巡查目的

日常巡查是利用交通工具或步行的方式，通过目测、测量、照相、记录等手段，及时发现沥青路面病害及可能诱发病害的因素，发现可能妨碍交通的路障等并及时上报，以进行处治。日常巡查常用的工具如图 4-1 所示。

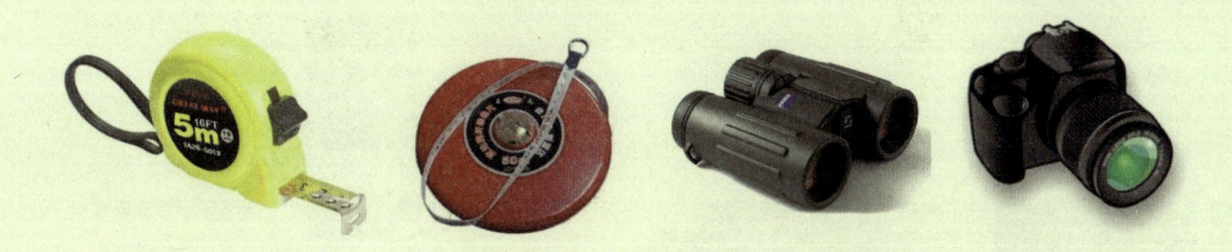

图 4-1 日常巡查常用工具

4.1.2 巡查内容

日常巡查要求每天一次，并填写巡查记录表（对前期已经记录过的病害不重复记录），如表 4-1 所示。主要巡查内容包括：

（1）路面上是否有明显的坑槽、裂缝、拥包、沉陷、松散、车辙、泛油、波浪、麻面、冻胀、翻浆等病害，其危害程度及趋势。

（2）路面上是否有可能损坏路面或妨碍交通的堆积物等。

（3）路面是否有水毁、塌方、边沟堵塞、绿化、路肩、路缘石损坏、交通设施损坏等情况。

公路养护巡查记录表　　表 4–1

单位：				
日期：			天气：	
路线名称	桩号（L/R）	巡查情况	记录人	备注

注：L 指沿桩号增大方向的左侧，即“下行方向”；R 指沿桩号增大方向的右侧，即“上行方向”。

4.1.3　智能养护巡查技术

随着信息化技术的发展，公路的养护巡查也将向着智能化的方向发展。智能化巡查是以现代化的信息采集与传输技术为基础，利用快速巡查系统（图 4–2），实现养护与路政数据的同步采集、分析，达到联合巡查的目的，通过巡查将采集的数据上传至市县两级联网的区域公路网智能养护系统（图 4–3），实现对区域路网的快速监测、快速诊断和快速处治。

图 4–2　快速巡查系统

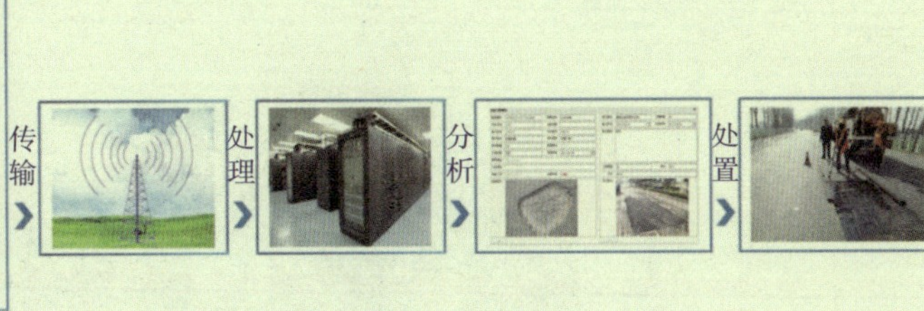

图 4-3　区域公路网智能养护系统

4.2　日常保养

日常保养是通过对沥青路面的清扫、除雪、排水设施的维护、边沟清理、路肩边坡的养护等工作，保持路况完好，延长公路使用寿命，为行驶车辆提供畅安舒美的行车环境。

日常保养的基本要求：路面洁净，无积水、积雪、障碍物，路容整洁，排水顺畅，路基稳定坚实，无缺口、冲沟，边缘整齐平顺。日常保养常用物资及设备如图 4-4 所示。

图 4-4　常用养护物资及设备

4.2.1 清扫

路面清扫包含机械作业（图 4-5）和人工作业两种方式。其中，高速公路和一级公路以机械清扫为主，其他公路可采用机械与人工相结合的方式。路面清扫频率可根据当地公路管理机构的规定组织，但养护人员在巡查过程中，发现路面上有杂物时要及时处理。

图 4-5　路面清扫车

1）泥土石子处理

用扫帚清扫干净，污染面积较大且泥土吸附在沥青混凝土面层难以清理干净时（图 4-6、图 4-7），用水冲洗（图 4-8、图 4-9）。

图 4-6　泥土污染路面

图 4-7　石子散落路面

图 4-8　机械清洗路面

图 4-9　人工清洗路面

2）石块处理

将碎落石块收集成堆，装车清除出路面，人工用扫帚清扫干净（图 4-10、图 4-11），污染面积较大且泥土吸附在沥青混凝土面层难以清理干净时，用水冲洗。

图 4-10　石块散落路面

图 4-11　收集路面散落石子

3）油类或化工品污染处理

当油类或化工品污染路面时（图 4-12），利用沙土或废弃沥青料覆盖污染路面，对路面进行清扫，洒水冲洗干净。

图 4-12　油类污染路面

4.2.2　路肩、路缘石维护

1）路肩维修

路肩分为硬路肩和土路肩。公路的路肩应保持横坡适度、边缘顺直，与路面衔接平顺；表面坚实平整、清洁、无杂物、无蒿草；保持无坑槽、隆起、沉陷及缺口。路肩维修工作如图 4-13 ~ 图 4-15 所示。

图 4-13　硬路肩修理

2）路缘石维修

由于路表水冲刷及车辆碾压容易造成路缘石的松动、破损，应及时修复或更换。可挖除松动或破损的路缘石，重新安装预制块或现浇混凝土，如图 4-16 所示。

图 4-14　土路肩杂草清理

图 4-15　清理路肩杂物

图 4-16　路缘石（拦水带）维修

4.2.3 排水设施的维护

一般公路，在春融期，特别是汛期，应对边沟、排水沟、截水沟、涵管等排水设施进行全面检查（图 4-17），在巡查过程中，如发现排水设施损坏或淤塞，应及时进行维修疏通。

图 4-17 雨季巡查

1）清理边沟

边沟清理主要是清除淤塞物、杂草、垃圾等，使边沟能够满足排水需要。清理时应注意不能破坏边沟原有的断面尺寸，如图 4-18、图 4-19 所示。

图 4-18 清理后的边沟

图 4-19 机械清理边沟

2）疏通排水沟

排水沟疏通主要是清理或疏通排水明沟和暗沟内的淤积物、杂草或山坡的掉落物，保持排水畅通，如图 4-20、图 4-21 所示。

3）涵洞疏通

涵洞疏通主要是清理或疏通涵洞的淤积物、杂草、洞口堆积物等，保持涵洞排水畅通，如图 4-22 所示。

图 4-20　人工疏通排水沟

图 4-21　机械疏通排水沟

a）人工作业

b）机械作业

图 4-22　清理涵洞

4.2.4 特殊季节养护

1）高温洒水

夏季天气炎热，容易导致沥青路面出现泛油、发软、车辙、拥包、波浪等各种病害。在高温时段对沥青路面进行洒水降温，并控制重载车辆通行，可抑制高温对路面造成的损坏，延长路面的使用寿命。洒水主要采用机械作业，如图 4-23 所示。

图 4-23 道路洒水降温

2）冬季除冰雪

路面冰雪会影响行车安全，引发交通事故，如图 4-24 所示，而且冰雪融化后，渗入路基路面内部，容易造成路面翻浆等病害。

图 4-24 路面积雪引发事故

二级及其以上公路应及时清除路面积雪，并排出路肩以外；三、四级公路应及时清除路面积雪，路肩积雪解冻前一次清除。路面除雪应以机械作业为主，人工作业为辅，如图 4-25、图 4-26 所示。

图 4-25　人工除雪

图 4-26　机械除雪

在冬季降雪或下雨后，当路面上的压实雪、融化的雪水、未及时排除的雨水可能形成冰冻层时，应在陡坡、急弯、平交道口、桥面、桥头引道及时采取除冰防滑措施，如图 4-27 所示。

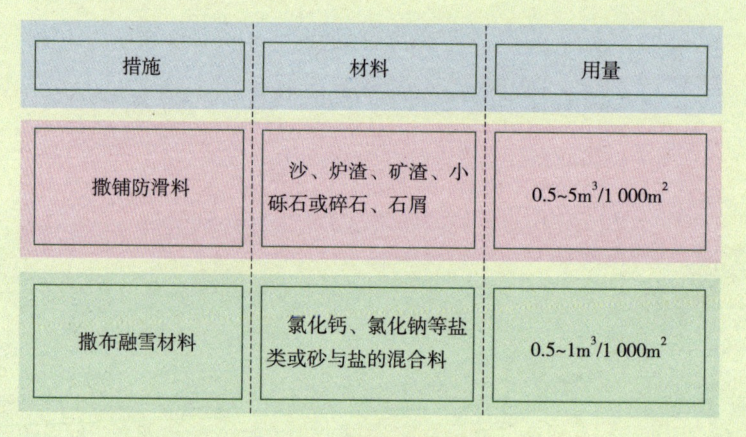

图 4-27　除冰防滑措施

注：盐类容易对环境和路面造成污染和损坏，应少用。

第 5 章

沥青路面预防养护

5.1　预防养护概述

《公路养护技术规范》（JTG H10—2009）明确规定，公路养护应贯彻“预防为主、防治结合”的方针，加强预防养护，保持公路及其沿线设施良好的技术状况。

预防养护是交通运输主管部门或公路管理机构，为防止路面出现病害或轻微病害的进一步扩展，延缓路面使用性能的衰减，降低路面全寿命周期费用，在没有发生损坏或只有轻微病害与病害迹象的路面上，采取的基本不扰动路面结构、不增加路面结构强度，加铺各种薄层铺装层（＜40mm）的路面养护作业。

5.1.1　预防养护的理念

预防养护的核心理念是通过“早养护”实现“少养护”，通过“早投入”实现“少投入”，代表了养护理念的科学发展方向。通俗地讲，预防养护犹如人的身体保健和汽车保养（图5-1）：人在“亚健康”状态下及时保养与纠正才能保证身体健康；汽车行驶 5 000km 左右要做一次保养，如果不保养，可以继续开，但是安全性能降低、机械磨耗加快、油耗加大，也必然会增加后期保养与维修的投入。同样，道路不做预防养护，可以继续用，但是性能衰减加速，使用寿命缩短，后期养护费用增加，故道路一般 3 ~ 5 年也要做一次预防养护。

图 5-1　汽车保养

5.1.2 预防养护的作用

预防养护的作用在于通过一些前置的措施，使道路及其构造物内部和外部的病害隐患与不利条件得到遏制、改善，保证其在正常的运营条件下，延长道路使用寿命。预防养护的作用具体体现在下面几点：

（1）封闭路面表面细小裂缝与裂隙。

（2）提高路面的防水性能。

（3）防止路面表面松散。

（4）减缓原路面的老化。

（5）提高路面的抗滑性能。

（6）提供表面磨耗层，提高路面的耐磨性能。

（7）改善路面外观。

（8）其他功能性指标的改善。

5.2 预防养护技术

沥青路面常用的预防养护技术应用主要有含砂雾封层、稀浆封层和微表处、碎石封层（含纤维碎石封层）、复合封层、薄层罩面、复合薄层罩面等。

5.2.1 含砂雾封层

雾封层是一种沥青路面早期预防性封层养护技术，可起到封闭路面微裂缝、防止松散石料脱落、阻止水分下渗的作用，并能延缓路面沥青老化、降低沥青面层温度、保持路面抗滑性能，达到显著改善路面外观、延长路面使用寿命的效果。雾封层技术发展经历普通雾封层、还原剂雾封层和含砂雾封层三个阶段，含砂雾封层是一种高级发展阶段的雾封层技术。

含砂雾封层是由改性乳化沥青（或煤沥青基）材料、陶土、聚合物添加剂、细粒砂组成的混合料，采用专用的含砂雾封层高压喷洒车，在沥青路面上喷洒形成一薄层，如图 5-2 所示。按使用材料可分为两种：一种是乳化沥青基含砂雾封层，胶结材料为乳化沥青稀释液，另一种是煤沥青基含砂雾封层，材料为煤沥青稀释液。

1）原材料要求

含砂雾封层材料是由乳化沥青基（或煤沥青基材料）、陶土、聚合物添加剂等组成，因长时存放会存在离析现象，经中度搅拌后均匀一致，无分层和结块产生时，不影响产品的使用。其材料应满足表 5-1 的技术要求。

图 5-2　含砂雾封层施工及效果

含砂雾封层材料技术要求　　表 5-1

项　目	技术要求	试验方法
残留物含量（%）	≥ 50	
残留物灰分（%）	20 ~ 40	
干燥时间（h）	≤ 2（60℃）/6（20℃）	
耐热性（100℃，2h）	无流淌、滑动、滴落	
黏结强度（MPa）	≥ 0.15	
布氏黏度（25℃）（Pa·s）	≥ 2.5	T0625

含砂雾封层可采用石英砂或机制砂，也可采用石英砂与机制砂混合后的砂。机制砂宜采用专用的制砂机制造，并选用优质的玄武岩生产。其细粒砂应满足表 5-2 的技术要求。

细粒砂技术要求　　表 5-2

项　目		技术要求		试验方法
		机制砂	石英砂	
表观密度		≥ 2.60	≥ 2.50	T0328
含水率（%）		≤ 1	≤ 1	T0332
含泥量（%）		—	≤ 0.5	T0333
硅含量（%）		—	≥ 99	SJ 3228.4
通过筛孔的百分率（%）	0.6mm	95 ~ 100	95 ~ 100	T0327
	0.3mm	20 ~ 75	5 ~ 10	
	0.15mm	0 ~ 20	0 ~ 5	
	0.075mm	0 ~ 3	0 ~ 1	

2）混合料设计及技术要求

含砂雾封层的混合料设计，应充分考虑原路面状况、交通量、气候条件等因素，选择适当的雾封层材料，确定材料方案。其混合料应满足表 5-3 的技术要求。

含砂雾封层混合料技术指标　　表 5-3

项　目	技术要求	试验方法
耐磨性（g/m^2）	≤ 600	
抗滑性能（BPN）	≥ 70	

3）施工质量控制要点

（1）原路面的病害处治。含砂雾封层施工前，应对原路面的病害进行处治，使之具有足够的结构强度，破损率、抗滑性能等应维持在较高的技术水平；表面洁净和干燥，不含粉尘和杂物。

（2）喷洒过程中应确保洒布车的车速稳定，喷洒管路畅通，喷洒后的材料应均匀分布，喷洒过程中有局部不均匀处，应及时补漏。

（3）含砂雾封层应视天气情况确保施工后有足够的养护成型时间。开放交通时间应至少保证施工后路面在常温、空气湿度小于 70% 的条件下养护 4h。

4）施工质量控制标准

工程完成通车 30d 后，根据施工前确定的路段、检测频率及测点位置对施工后路面的摩擦摆值、构造深度和渗水系数进行测试，验收项目还包括路面的表观质量。具体检测项目、频率、要求及方法见表 5-4。

含砂雾封层施工质量控制标准　　表 5-4

项　目	要　求	检测频率	检验方法
外观质量	均匀	全线连续	目测
F_B（BPN）	$\lvert F_{B施工前}-F_{B施工后}\rvert / F_{B施工前} \leq 20\%$，均方差 ≤ 5（BPN），且 $F_{B施工后} \geq 45$（BPN）	5 处 /km	T0964
TD（mm）	$\lvert TD_{施工前}-TD_{施工后}\rvert / TD_{施工前} \leq 20\%$，均方差 ≤ 0.1mm，且 $TD_{施工后} \geq 0.4$	5 处 /km	T0961
C_W（mL/min）	≤ 20	5 处 /km	T0971

注：1. 以上标准为高速公路、一级公路的要求，其他等级公路可适当降低。

2. $F_{B施工前}$、$F_{B施工后}$分别代表施工前、后路面摩擦摆值；$TD_{施工前}$、$TD_{施工后}$分别代表施工前、后构造深度。

5.2.2　稀浆封层和微表处

稀浆封层和微表处是一种沥青路面早、中期预防性封层养护技术，可起到封闭路面裂缝，阻止水分下渗的作用，提高路面抗滑与耐久性，防止路面松散，改善路面外观，延长路面使用寿命；可用于深度≤ 30mm 的车辙处治（双层）。

1）稀浆封层和微表处简介

（1）稀浆封层

采用机械设备将乳化沥青、粗细集料、填料、水和添加剂等按照设计配比拌和成稀浆混合料摊铺到原路面上形成的薄层。按照矿料级配的不同，稀浆封层可以分为细封层（Ⅰ型）、中封层（Ⅱ型）和粗封层（Ⅲ型），分别以 ES-1、ES-2、ES-3 表示；按照开放交通的快慢，稀浆封层可以分为快开放交通型稀浆封层和慢开放交通型稀浆封层。稀浆封层施工及效果如图 5-3、图 5-4 所示。

图 5-3　稀浆封层施工

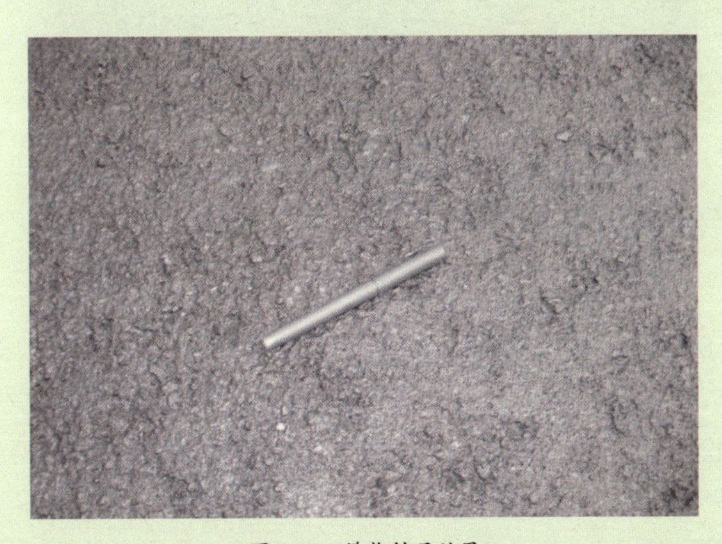

图 5-4　稀浆封层效果

（2）微表处

采用专用机械设备将聚合物改性乳化沥青、粗细集料、填料、水和添加剂等按照设计配比拌和成稀浆混合料摊铺到原路面上，并很快开放交通的具有高抗滑和耐久性能的薄层。微表处可以分为Ⅱ型和Ⅲ型，分别以 MS-2 和 MS-3 表示。微表处施工如图 5-5、图 5-6 所示。

图 5-5　微表处罩面施工

图 5-6　微表处车辙填补施工

（3）稀浆封层与微表处的主要区别

一是乳化沥青技术要求不同，稀浆封层采用的是未改性的乳化沥青，而微表处采用的是高分子聚合物改性的乳化沥青；二是集料质量要求不同，稀浆封层的砂当量要求大于 45%，微表处用集料的砂当量要求大于 65%；三是稀浆封层和微表处混合料设计指标要求不同；四是稀浆封层不能用于车辙填充，而微表处可以用于车辙填充。

2）原材料技术要求

微表处必须选用阳离子型聚合物改性的乳化沥青，改性剂剂量（改性剂有效成分占纯沥青的质量百分比）不宜小于 3%，选用的改性乳化沥青应符合表 5-5 中 BCR 型的规定，稀浆封层用乳化沥青应符合表 5-5 中 BC-1 型和 BA-1 型的规定。

微表处和稀浆封层用乳化沥青技术要求　　表 5-5

试验项目 \ 种类		单位	BCR	BC-1	BA-1	试验方法
筛上剩余量（1.18mm 筛）		%	≤ 0.1	≤ 0.1	≤ 0.1	T0652
电荷			阳离子正电（+）	阳离子正电（+）	阴离子负电（-）	T0653
恩格拉黏度 E_{25}			3 ~ 30	2 ~ 30	2 ~ 30	T0622
沥青标准黏度 $C_{25,3}$[①]		s	12 ~ 60	10 ~ 60	10 ~ 60	T0621
蒸发残留物含量		%	≥ 60	≥ 55	≥ 55	T0651
蒸发残留物性质	针入度（100g，25℃，5s）	0.1mm	40 ~ 100	45 ~ 150	45 ~ 150	T0604
	软化点	℃	≥ 53[②]	—	—	T0606
	延度（5℃）	cm	≥ 20	—	—	T0605
	延度（15℃）	cm	—	≥ 40	≥ 40	
	溶解度（三氯乙烯）	%	≥ 97.5	≥ 97.5	≥ 97.5	T0607
储存稳定性[③]	1d	%	≤ 1	≤ 1	≤ 1	T0655
	5d	%	≤ 5	≤ 5	≤ 5	

注：①乳化沥青黏度以恩格拉黏度为准，条件不具备时也可采用沥青标准黏度。
②南方炎热地区、重载交通道路及用于填补车辙时，BCR 蒸发残留物的软化点应不低于 57℃。
③储存稳定性根据施工实际情况选择试验天数，通常采用 5d，乳化沥青生产后能在第二天使用完时也可选用 1d。个别情况下改性乳化沥青 5d 的储存稳定性难以满足要求，如果经搅拌后能够达到均匀一致并不影响正常使用，此时要求改性乳化沥青运至工地后应存放在附有循环或搅拌装置的储存罐内，并进行循环或搅拌，否则不准使用。

微表处和稀浆封层用矿料可以采用不同规格的粗细集料、矿粉等掺配而成，也可以用大粒径的块石、卵石等经多级破碎而成。微表处和稀浆封层用粗、细集料应符合表 5-6 的技术要求。

微表处和稀浆封层矿料中可以掺加矿粉、水泥、消石灰等填料，其掺加量必须通过混合料设计试验确定。填料应干燥、疏松，无结团，并应符合《公路沥青路面施工技术规范》（JTG F40）中的相关要求。

微表处和稀浆封层用粗、细集料技术要求 表 5-6

材料名称	项目		标准		试验方法	备注
			微表处	稀浆封层		
粗集料	石料压碎值	不大于（%）	26	28	T0316	
	洛杉矶磨耗损失	不大于（%）	28	30	T0317	
	石料磨光值	不小于（BPN）	42	—	T0321	
	坚固性	不大于（%）	12	12	T0314	
	针片状含量	不大于（%）	15	18	T0312	
细集料	坚固性	不大于（%）	12	—	T0340	>0.3mm 部分
矿料	砂当量	不小于（%）	65	50	T0334	<4.75mm 部分

3）混合料设计及技术要求

微表处和稀浆封层混合料设计选用的矿料级配范围应符合表 5-7 的规定，其室内试验技术指标应满足表 5-8 的技术要求。

微表处和稀浆封层矿料级配范围 表 5-7

级配类型	通过下列筛孔（mm）的质量百分率（%）							
	9.5	4.75	2.36	1.18	0.6	0.3	0.15	0.075
ES-1		100	90 ~ 100	65 ~ 90	40 ~ 65	25 ~ 42	15 ~ 30	10 ~ 20
MS-2，ES-2	100	90 ~ 100	65 ~ 90	45 ~ 70	30 ~ 50	18 ~ 30	10 ~ 21	5 ~ 15
MS-3，ES-3	100	70 ~ 90	45 ~ 70	28 ~ 50	19 ~ 34	12 ~ 25	7 ~ 18	5 ~ 15

注：填料计入矿料级配。

微表处和稀浆封层混合料技术指标 表 5-8

试验项目		标准		
		微表处	稀浆封层	
			快开放交通型	慢开放交通型
可拌和时间（25℃）	不小于（s）	120	120	180
黏聚力试验 30min（初凝时间） 60min（开放交通时间）	不小于（N·m）	 1.2 2.0①	 1.2 2.0①	 — —
负荷车轮黏附砂量	不大于（g/m^2）	450	450②	
湿轮磨耗损失 浸水 1h 浸水 6d	不大于（g/m^2） 不大于（g/m^2）	540 800	800 —	
轮辙变形试验的宽度变化率③	不大于（%）	5	—	
配伍性等级值④	不小于	11	—	

注：①至少为初级成型。
②用于轻交通量道路的罩面和下封层时，可不作黏附砂量指标的要求。
③不用于车辙填充的微表处混合料，不作轮辙变形试验的要求。
④配伍性等级指标作为参考指标使用。

4）施工质量控制要点

（1）原路面的病害处治。施工前，应对原路面的病害进行处治，具有足够的结构强度，裂缝、坑槽、隆起型病害等应提前进行处理，清除路面的垃圾，并使用强力吹尘设备清除路面的浮土。

（2）设备检修标定。施工前，应对摊铺车进行检修和标定，以保证设备正常运转，材料计量准确。

（3）微表处和稀浆封层的施工应在干燥状态下进行，严禁在雨天施工，最低施工温度不得低于 10℃，摊铺后尚未成型混合料遇雨时应予铲除。

（4）微表处和稀浆封层两幅纵缝搭接宽度不宜超过 80mm，横向接缝宜做成对接缝。分两层摊铺时，第一层摊铺后至少应开放交通 24h 后方可进行第二层摊铺。

（5）人工修整。微表处和稀浆封层混合料摊铺后的局部缺陷，应及时使用橡胶耙等工具进行人工修整，人工修整的重点为个别超粒径粗集料产生的纵向刮痕，横、纵向接缝等。

（6）养生。微表处和稀浆封层施工结束后，应封闭交通 2 ~ 3h，具体时间根据天气情况而定，在开放交通前禁止一切车辆和行人通过。

5）施工质量控制标准

微表处和稀浆封层工程完工后 1 ~ 2 个月时，将施工全线以 1 ~ 3km 作为一个评价路段进行质量检查和验收，检查项目、频率、要求及方法如表 5-9 所示。

微表处和稀浆封层施工质量控制标准　　表 5-9

项目		质量要求	检验频率	方法
表观质量	外观	表面平整、密实，均匀，无松散，无花白料，无轮迹，无划痕	全线连续	目测
	横向接缝	对接，平顺	每条	目测
	纵向接缝	宽度 <80mm 不平整 <6mm	全线连续	目测或用尺量 3m 直尺
	边线	任一 30m 长度范围内的水平波动不得超过 ±50mm	全线连续	目测或用尺量
抗滑性能	摆值 F_b（BPN）	高速公路、一级公路　≥ 45	5 个点 /km	T0964
	横向力系数	高速公路、一级公路　≥ 54	全线连续	T0965
	构造深度 TD（mm）	高速公路、一级公路　≥ 0.60	5 个点 /km	T0961
渗水系数		≤ 10mL/min	3 个点 /km	T0971
厚度		-10%	3 个点 /km	钻孔或其他有效方法

注：1. 横向力系数和摆值任选其一作为检测要求。

2. 当稀浆封层用于下封层时，抗滑性能不作要求，验收的时间可灵活掌握。

5.2.3 碎石封层

碎石封层是一种沥青路面早、中期预防性封层养护技术，采用层铺法施工，在旧路面强度指标符合要求的情况下，只需要对原路面进行清扫和简单处理，采用直接洒布热沥青或乳化沥青和撒布碎石的方法加铺的沥青薄处理层。

1）碎石封层类型

碎石封层按使用的胶结料类型可分为热沥青（普通或改性）碎石封层和乳化沥青（普通或改性）碎石封层，按施工工艺与设备可分为异步碎石封层（图 5-7）和同步碎石封层（图 5-8），按是否掺入纤维可分为碎石封层和纤维碎石封层，采用热沥青（普通或改性）作为胶结料的碎石封层应采用同步摊铺工艺与设备。

图 5-7 异步碎石封层示意

图 5-8 同步碎石封层示意

碎石封层按铺筑的层数可分为单层和双层。单层碎石封层的工艺是在路面上直接洒布沥青胶结料和撒布石料后，立即用轮胎压路机进行碾压，使撒布的集料固定嵌挤。双层碎石封层的工艺是第二层的施工在第一层施工结束后立即进行，其中第一层先施工较大粒径的集料，用量占总集料用量的 60%，第二层施工其余 40% 较小粒径的集料，其粒径为第一层集料粒径的一半。

2）同步碎石封层

同步碎石封层是指用同步碎石封层车将石料及沥青胶结料同时洒布在路面上，在胶轮压路机和自然行车碾压下，使胶结料与石料之间有最充分的表面接触，以达到它们之间最大限度的黏结性，从而形成保护原有路面的沥青碎石磨耗层。同步碎石封层施工及效果如图 5-9、图 5-10 所示。

图 5-9　同步碎石封层施工

图 5-10　同步碎石封层效果

同步碎石封层所用的原材料主要包括胶结料和碎石。常用的胶结料有热沥青或改性热沥青，一般需要加热至 150 ~ 170℃，其技术要求应符合表 5-10 的有关规定。其用量应以 70% 的石料能嵌入黏结层为标准，一般在 1.2 ~ 1.7kg/m² 之间，可根据现场实际情况调节。

同步碎石封层用沥青技术要求　　表 5-10

检测项目		单位	技术要求		
			基质沥青	橡胶沥青	SBS 沥青
针入度		0.1mm	40 ~ 100		
软化点		℃	≥ 42	≥ 47	≥ 50
延度		cm	≥ 10	≥ 10	≥ 20
60℃动力黏度		Pa · s	≥ 140	≥ 2.0	≥ 2.5
RTFOT 后	质量变化	%	± 0.8		
	残留针入度比（25℃）	%	≥ 50		
	残留延度（10℃）	cm	≥ 10	≥ 5	≥ 15

注：1. 橡胶沥青、SBS 沥青采用 5℃延度。
　　2. 橡胶沥青采用 180℃旋转黏度，SBS 沥青采用 135℃运动黏度。

碎石的质量对同步碎石封层的施工质量起着决定性的作用，石料的选择应结合质量要求、经济性及工程实际情况等多方面的因素进行综合考虑。其碎石应符合表 5-11 的技术要求。

同步碎石封层用碎石技术要求　　表 5-11

检测项目	技术要求	试验方法
压碎值（%）	≤ 14	T0316—2000
洛杉矶磨耗损失（%）	≤ 30	T0317—2000
破碎面、几何形状	4 个破碎面以上、近似立方体	—
与沥青的黏附性（%）	4 级以上	—
针片状含量（%）	≤ 15	T0312—2000
粉尘含量（%）	≤ 1	T0310—2000
软石含量（%）	≤ 5	T0320—2000

同步碎石封层施工质量控制要点如下：

（1）碎石的质量。碎石必须有足够的硬度和洁净度，单一级配优于级配碎石，粒形以棱角性为典型特征，宜选择立方体形状的石料，避免较多的针片状含量。

（2）胶结料和碎石洒（撒）布应均匀，胶结料洒布不均匀处，可人工补喷，碎石撒布应厚度一致，不重叠。

（3）同步碎石封层车前进 10 ~ 15m 时，立即用胶轮压路机碾压。相邻两幅初压完成后，即可进行错轮碾压，碾压时每次轮迹应重叠 30cm，每次折回的位置避免在同一横断面上。

（4）同步碎石封层施工结束后，使用热沥青的可限速开放交通，保证行车速度在 40km/h 以下，减少石子脱落，及时扫除多余松散的石子。

通过进行的相关试验，同步碎石封层质量检验首先从外观确保表面平整，平整度小于等于 8mm，集料撒布均匀，覆盖率达沥青表面 90% 以上。两幅接缝处平整、外观颜色均匀一致，不应存在泛油或接缝过大等现象，并且与其他构造物连接要平顺。同步碎石封层的质量标准如表 5-12 所示。

同步碎石封层质量要求　　表 5-12

检验项目	规定值或允许偏差	检验频率或方法
厚度	± 1mm	单幅 3 处 / km
宽度	≥设计值	单幅 3 处 / km
渗水系数	≤ 5mL	2 处 / km
石料剥落率	≤ 10%	单幅 3 处 / km
平整度	≤ 8mm	—
构造深度	≥ 0.55mm	—
横向力系数	≥ 30	—

沥青喷洒率的偏差应控制在 ±0.06L/m^2，集料撒布率的偏差应控制在 ±0.5kg/m^2，级配偏差的控制标准见表 5-13，施工时集料的含水率不得超过其干重度的 4%。

集料级配偏差控制标准　　表 5-13

筛孔尺寸	偏差控制标准	筛孔尺寸	偏差控制标准
4.75mm	±5.0%	2.36mm	±3.0%

3）纤维碎石封层

纤维碎石封层是指采用纤维封层核心设备，同时洒（撒）布两层沥青胶结料和一层玻璃纤维，然后在上面撒布碎石，经碾压后形成新的磨耗层或应力吸收中间层（SAMI）的一种新型路面快速养护技术。凭借其优越的性能及广泛的适用性，目前该技术在国际上已推广应用多年，尤其在法国、英国、美国、澳大利亚等国家已得到普遍的应用。纤维碎石封层施工及效果如图 5-11、图 5-12 所示。

图 5-11　纤维碎石封层施工

图 5-12　纤维碎石封层效果

纤维封层用原材料包括沥青胶结料、玻璃纤维和碎石，为提高纤维封层的黏结、抗拉、抗剪、与石料的裹覆等性能，便于纤维封层设备施工，沥青胶结料采用改性乳化沥青，其技术要求如表 5-14 所示。

纤维封层用改性乳化沥青技术要求 表 5-14

技术指标		单位	技术要求	试验方法
破乳速度试验		—	快裂	JTJ T0658
沥青微粒离子电荷		—	+	JTJ T0653
筛上剩余量 (1.18mm)		%	≤ 0.1	JTJ T0652
蒸发残留物含量		%	≥ 60	JTJ T0651
恩格拉黏度		—	20 ~ 30	JTJ T0622
沥青标准黏度		s	20 ~ 40	JTJ T0621
蒸发残留物	针入度 (100g,25℃,5s)	0.1mm	60 ~ 100	JTJ T0604
	延度 (5℃)	cm	≥ 40	JTJ T0605
	软化点	℃	≥ 52	JTJ T0606
	溶解度	%	≥ 97.5	JTJ T0607
储存稳定性	1d	%	≤ 1	JTJ T0655
	5d	%	≤ 5	JTJ T0655
裹附面积		—	≥ 2/3	JTJ T0654

注：试验条件许可时，测定改性乳化沥青恩格拉黏度。

纤维封层用玻璃纤维应具有高抗拉性能和高弹性模量，其类型为喷射无捻粗纱型玻璃纤维（卷轴式纤维盘），特克斯数约为 2.4g/m。

纤维封层用碎石应坚硬、洁净，具有较好的抗压碎能力，以抵抗各种荷载作用而不出现大量破碎，其技术要求如表 5-15 所示。

纤维封层用碎石技术要求 表 5-15

技术指标	单位	技术要求
石料压碎值	%	≤ 26
洛杉矶磨耗损失	%	≤ 28
视密度	g/cm^3	≥ 2.60
吸水率	%	≤ 2.0
坚固性	%	≤ 12
针片状颗粒含量（粒径小于 9.5mm）	%	≤ 15
水洗法 < 0.075mm 颗粒含量	%	≤ 1.0
软颗粒含量	%	≤ 3.0
与沥青的黏附性指数	级	≥ 5

注：石料压碎值和洛杉矶磨耗损失是指母料指标。

纤维封层施工质量控制要点如下：

（1）纤维封层用原材料包括沥青胶结料、玻璃纤维和碎石，其中沥青胶结料采用改性乳化沥青；纤维封层用玻璃纤维应具有高抗拉性能和高弹性模量，其类型为喷射无捻粗纱型玻璃纤维（卷轴式纤维盘），特克斯数约为 2.4g/m；碎石应坚硬、洁净，具有较好的抗压碎能力，以抵抗各种荷载作用而不出现大量破碎。

（2）纤维封层设备同 1 台设备同时进行 2 层乳化沥青喷洒，1 层纤维撒布施工，控制车速在 3 ~ 4.5km/h，最佳车速为 3.6km/h。

（3）碎石撒布车续接跟进纤维封层设备进行碎石撒布，车速与纤维封层设备相匹配，撒布一段碎石，应立即用 6 ~ 8t 胶轮压路机跟进碾压作业，碾压 2 ~ 3 遍，碾压初始速度不宜超过 2km/h，以后可适当增加。经稳压后的碎石颗粒浸入深度为粒径的 1/2 为宜。

（4）施工结束，碾压完成后，待乳化沥青破乳后即可全面开放交通，车辆交通基本不受路面施工影响；但须对来往车辆进行限速，设立标志或派人把守，使过往车辆车速限制在 40km/h 以下。对于一些散落在路边的骨料，进行及时的清除，通车一周后再对路面进行一次清扫。

为了保证纤维封层施工的高性能，需相关试验用来确定将要投入使用的骨料和沥青胶结料之间的物理化学相容性，在路面作业前、作业中、作业后进行控制操作（实验室试验和现场试验）。纤维封层施工质量标准应满足表 5-16 的规定。

纤维封层施工质量标准　　表 5-16

指　标	质量控制标准	频　率
乳化沥青喷洒量（kg/m^2）	1.81 ~ 2.72	总量检验 1 次 /d
喷洒均匀性	肉眼观测无明显围积、流淌或漏洒	随机
玻璃纤维撒布量（g/m^2）	56.7 ± 5	总量检验 1 次 /d
玻璃纤维撒布均匀性	肉眼观测无明显围积、交错与搭接均匀	随机
碎石撒布量（kg/m^2）	10 ~ 14	2 次 /（车道 · km）
碎石撒布覆盖率（%）	80 ± 10	随机
碎石撒布均匀性	肉眼观测无明显围积、漏撒	随机

5.2.4　复合封层

复合封层是一种沥青路面中、后期预防性封层养护技术，以碎石封层为底层，其上加铺稀浆封层或微表处作为表层的预防养护技术，结合了碎石封层和稀浆封层或微表处两者的优点，碎石封层可以提高路面的抗滑性能，延缓沥青的老化，提高路面的防水性能，但集料容易脱落，噪声比较大，碎石封层之后再摊铺一层稀浆封层或微表处，可以有效解决碎石封层的石料脱落、高噪声、外表美观等问题，如图 5-13 所示。

图 5-13　复合封层效果

复合封层的施工工艺分为五个过程：施工准备、下承层清理、碎石封层铺筑、微表处（或稀浆封层、薄浆封层）摊铺、养护，其原材料要求、混合料设计及技术要求、施工工艺与质量控制标准可按上述碎石封层和微表处（或稀浆封层、薄浆封层）相关规定执行。

5.2.5　薄层罩面

薄层罩面是一种沥青路面后期预防性罩面养护技术，在原有路面上洒布黏层，其上加铺一层厚度为 2 ~ 4cm 的热拌沥青混合料，其矿料级配主要有密级配、开级配和断级配三种类型。

1）薄层罩面类型

薄层罩面按使用性能可分为罩面层、磨耗层等，按施工工艺与设备可分为薄层罩面和同步薄层罩面，为提高薄层罩面层与原有路面的层间黏结，减少施工过程的污染，薄层罩面优先采用同步铺筑工艺与设备，薄层罩面施工及效果如图 5-14、图 5-15 所示。

2）同步薄层罩面

同步薄层罩面所用的原材料主要包括沥青胶结料、改性乳化沥青、粗集料、细集料和填料。沥青胶结料性能必须满足同步薄层罩面系统整体设计要求，以实现系统的路用性能，一般可根据项目所在地的实际条件，按照 Superpave 规定的方法，计算改性沥青应该达到的 PG 等级。考虑到国内改性沥青的生产状况，推荐采用 SBS 改性沥青，不推荐使用橡胶、PE 等改性沥青。沥青胶结料技术要求见表 5-17。

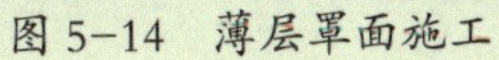
图 5-14　薄层罩面施工

图 5-15　施工完毕效果

沥青胶结料技术要求　　表 5-17

检测项目		单　位	技术要求	试验方法
针入度（25℃，100g，5s）	不小于	（0.1mm）	50	T0604
延度（5℃，5cm/min）	不小于	cm	30	T0605
软化点 TR	不小于	℃	80	T0606
运动黏度（135℃）		Pa·s	1.0~3.0	T0625 或 T0619
闪点	不小于	℃	230	T0611
溶解度	不小于	%	99	T0607
弹性恢复（25℃）	不小于	%	80	T0662
储存稳定性				
离析，48h 软化点差	不大于	℃	2.5	T0661
TFOT（或 RTFOT）后残留物				
质量变化	不大于	%	1.0	T0610 或 T0609
针入度比（25℃）	不小于	%	70	T0604
延度（5℃）	不小于	cm	20	T0605

同步薄层罩面的工艺决定了必须使用黏层乳化沥青，为了适应高等级公路重交通的条件，推荐使用快裂 SBS 改性乳化沥青。改性乳化沥青性能指标见表 5-18。

改性乳化沥青性能指标

表 5-18

检测项目			单位	技术要求	试验方法
破乳速度				快裂	T0658
粒子电荷				阳离子（+）	T0653
筛上剩余量（1.18mm）		不大于	%	0.05	T0652
黏度	赛波特黏度试验（50℃）		s	20 ~ 100	T0623
蒸馏残留物	含量	不小于	%	62.0	T0651
	针入度（100g，25℃，5s）		0.1mm	50 ~ 150	T0604
	软化点	不小于	℃	55	T0606
	延度（10℃）	不小于	cm	40	T0605
	溶解度（三氯乙烯）	不小于	%	97.5	T0607
	弹性恢复（%），10℃		%	60	T0662
储存稳定性	1d	不大于	%	1	T0655

同步薄层罩面所用粗集料应为典型高等级公路路面使用集料，满足我国关于抗滑表层的使用质量要求标准或在高等级路面表面层有成功应用的先例，对粗集料的抗压碎能力要求高，粗集料应使用坚硬、棱角性好的优质石料，严格限制粗集料的针片状含量，推荐使用玄武岩作为沥青混合料的粗集料。粗集料性能指标见表 5-19。

粗集料性能指标

表 5-19

检测项目		单位	技术要求	试验方法
石料压碎值	不大于	%	20	T0316
洛杉矶磨耗损失	不大于	%	26	T0317
微型狄法尔磨耗损失	不大于	%	18	ASTM TP 58-00
粗集料的磨光值 PSV	不小于	%	42	T0321
表观相对密度	不小于	t/m3	2.60	T0304
吸水率	不大于	%	2.0	T0304
与沥青黏附性	不小于	级	5	T0616
坚固性	不大于	%	12	T0314
针片状颗粒含量（混合料） 其中粒径大于 9.5mm 其中粒径小于 9.5mm	不大于 不大于 不大于	% % %	15 12 18	T0312
水洗法 <0.075mm 颗粒含量	不大于	%	1	T0310
软石含量	不大于	%	3	T0320

小于2.36mm的细集料须是机制砂(100%破碎加工而成),应该洁净、干燥、无风化、无杂质,与沥青有良好的黏结能力。细集料性能指标见表5-20。

细集料性能指标 表5-20

检测项目		单位	技术要求	试验方法
表观相对密度	不小于	t/m^3	2.50	T0328
坚固性(>0.3mm部分)	不小于	%	12	T0340
含泥量	不大于	%	3	T0333
砂当量	不小于	%	65	T0334
亚甲蓝值	不大于	g/kg	25	T0349

矿粉采用石灰岩或岩浆岩中的强基性岩石等憎水性石料经磨细得到的矿粉,原石料中的泥土杂质应除净。矿粉应干燥、洁净,能自由地从矿粉仓流出。其技术要求应符合《公路沥青路面施工技术规范》(JTG F40)的规定。

同步薄层罩面混合料公称最大粒径分别为13.2mm和9.5mm,混合料的级配范围应符合表5-21的要求。

同步薄层罩面矿料级配范围 表5-21

级配类型	通过下列筛孔(mm)的质量百分率(%)									
	16.0	13.2	9.5	4.75	2.36	1.18	0.6	0.3	0.15	0.075
STC-13	100	80 ~ 100	60 ~ 80	25 ~ 40	22 ~ 35	13 ~ 25	9 ~ 19	7 ~ 14	5 ~ 11	3 ~ 7
STC-10		100	80 ~ 100	25 ~ 40	22 ~ 35	13 ~ 25	9 ~ 19	7 ~ 14	5- ~ 11	3 ~ 7

同步薄层罩面沥青混合料需在配合比设计的基础上进行性能验证,混合料性能应符合表5-22的规定。

同步薄层罩面混合料技术要求 表5-22

试验项目		单位	技术要求	试验方法
马歇尔稳定度	不小于	kN	6	T0709
表面构造深度	不小于	mm	0.8	T0731
动稳定度	不小于	次/mm	2 400	T0719
谢伦堡沥青析漏	不大于	%	0.1	T0732

薄层罩面施工质量控制要点如下:

(1)原路面病害处治。薄层罩面前,应对原沥青路面出现的裂缝、坑槽、轻微车辙、局部松散、局部啃边等病害进行处治。

(2)黏层洒布。在原路面与罩面结构层之间需喷洒黏层油,黏层油可采用快裂或中裂乳化沥青、改性乳化沥青,也可采用快、中凝液体石油沥青,其规格和质量应符合规范的技术要求，用量一般为 0.3 ~ 0.6L/m^2，当铺筑大空隙排水薄层罩面磨耗层时，黏层油的用量宜增加到 0.6 ~ 1.0L/m^2。

（3）薄层罩面铺筑质量。罩面施工过程中严格控制工程质量，对路面外观、接缝、施工温度、厚度、平整度、压实度、纵断面高程、横坡度、渗水系数等项目和指标进行检查。

薄层罩面铺筑过程中必须随时对铺筑质量进行评定，质量检查的内容、频度、允许差应符合表 5-23 的规定。

同步薄层罩面施工过程中质量控制标准　　表 5-23

检测项目		检查频度及单点检验评价方法	质量要求或允许偏差	试验方法
外观		随时	表面平整密实，不得有明显轮迹、裂缝、推挤、油町、油包等缺陷，且无明显离析	目测
接缝		随时	紧密平整、顺直、无跳车	目测
		逐条缝检测评定	3mm	T 0931
施工温度	摊铺温度	逐车检测评定	符合规范规定	T 0981
	碾压温度	随时	符合规范规定	插入式温度计实测
厚度	每一层次	随时	设计值的 5%	施工时插入法量测压实厚度
	每一层次	1 个台班区段的平均值	-2mm	总量检验
压实度		每 5 000m^2 检查 1 组	试验段密度的 99%	T0924、T0922
平整度（最大间隙）	上面层	随时，接缝处单杆评定	3mm	T0931
平整度（标准差）	上面层	连续测定	1.2mm	T0932
宽度	有侧石	检测每个断面	± 20mm	T0911
	无侧石	检测每个断面	不小于设计宽度	
横坡度		检测每个断面	± 0.3%	T0911

注：同步薄层罩面厚度较薄，压实容易，现场只能采用体积法测量毛体积密度，压实度指标控制意义不大，控制乳化沥青和混合料的温度比较重要。

5.2.6　复合薄层罩面

复合薄层罩面是一种沥青路面后期预防性罩面养护技术，以碎石封层为底层（可不再洒布黏层油），其上加铺薄层罩面作为表层的预防养护技术，结合了碎石封层和薄层罩面两者的优点，不但可以有效解决碎石封层的石料脱落、高噪声等问题，而且能极大地提高薄层罩面的抗反射裂缝能力。复合薄层罩面的效果如图 5-16 所示。

图 5-16　复合薄层罩面效果

复合薄层罩面的施工工艺分为五个过程：施工准备、下承层清理、碎石封层铺筑、薄层罩面摊铺、养护，其原材料要求、混合料设计及技术要求、施工工艺与质量控制标准可按上述碎石封层和薄层罩面相关规定执行。

第 6 章

沥青路面修复养护技术

沥青路面修复养护工程是对公路及附属设施的损坏进行处治，以恢复原设计标准，或在原技术等级范围内局部改善，提高公路通行能力。

6.1 裂缝修补

裂缝是沥青路面最常见的病害之一，分为横向裂缝、纵向裂缝和网状裂缝等形式。目前裂缝修补的主要方法是开槽灌缝和贴缝。

6.1.1 开槽灌缝

开槽灌缝是将原路面裂缝开槽后灌入乳化沥青、热沥青或灌缝胶等材料，以达到封闭裂缝的目的。开槽灌缝主要适用于自下而上发展的反射裂缝，形式多表现为横向裂缝。

1）灌缝施工工艺

（1）施工准备

准备好相关的材料和设备机具，封闭交通。

（2）开槽（扩缝灌缝时需开槽，清缝灌缝时无需开槽）

利用开槽机，以裂缝为中心进行开槽，槽宽为15~20mm，深为30mm，如图6-1所示。

（3）清缝

用钢刷清理出缝内的松动颗粒，再用鼓风机将缝内的粉尘、杂质吹扫干净，缝内潮湿时应注意延长吹扫时间，并用喷枪烘烤直至缝内干燥为止，如图6-2所示。

图 6-1 开槽

图 6-2 清缝

（4）灌缝

采用专业灌缝设备将灌缝料灌入裂缝内，灌缝时裂缝要全部覆盖。

（5）外部材料封边修整

准备好相关工具，紧贴在裂缝的上方摊成约 3mm 厚的带形，如图 6-3 所示。

图 6-3 灌缝及封边修整

（6）开放交通

对于部分灌缝料，应该在施工结束后撒布矿粉、抗滑砂等，防止黏轮。待乳化沥青破乳或灌缝胶冷却至常温后即可开放交通。

2）施工要点

灌缝施工前，保证裂缝及裂缝周围清洁干净。

3）质量要求

灌缝密实、饱满。灌缝边缘整齐，表面光洁。

6.1.2　贴缝

贴缝是采用贴缝带（图 6-4）对裂缝进行粘贴，从而起到封闭裂缝的作用。贴缝主要适用于自上而下发展的疲劳裂缝、剪切裂缝等。但随着材料技术的发展，贴缝带材料能够更好地适应温度、荷载等因素对路面的影响，且贴缝技术的施工简便，有逐步取代灌缝技术的趋势。

图 6-4　贴缝带

1）采用贴缝带处治裂缝时的施工工艺

（1）施工准备

准备好相关材料及设备机具，并按要求封闭交通。

（2）清理裂缝

将路面裂缝用钢刷沿裂缝来回轻刷，将松动部分刷掉，用吹风机沿裂缝及两侧 20cm 范围清理干净，如图 6-5 所示。

图 6-5　清理裂缝

（3）粘贴

用宽刷蘸取专用粘剂沿裂缝均匀涂刷，以裂缝为中心线，宽度略宽于贴缝带，粘剂要尽量均匀、平顺，两端长于裂缝 3~6cm。

揭去贴缝带上的隔离纸，沿裂缝走向，将贴缝带粘在路面上，当气温低于 10℃时要对粘贴面烘烤加热 10~20s，如图 6-6 所示。

图 6-6 贴缝

（4）压实

贴缝带粘贴在裂缝面上之后，用橡皮锤紧跟敲打，使贴缝带与路面粘贴紧密，如图 6-7 所示。

（5）养生

贴缝后可直接开放交通。为了防止贴缝带被车轮粘走，可在贴缝带上撒上抗滑砂。

图 6-7 压实

2）施工要点

（1）施工前应保证裂缝及裂缝周边干净清洁。

（2）贴缝后要进行锤击，确保贴缝带与路面黏结紧密。

3）质量要求

（1）裂缝必须被全部覆盖。

（2）贴缝表面平整、无褶皱、黏结牢固，如图 6-8 所示。

图 6-8　贴缝带处治裂缝效果

自粘式贴缝带是在传统贴缝技术基础上开发出来的新型路面贴缝材料，可适用于各种形状的裂缝，并且黏结性强，用脚踩压，即可与路面牢固黏结。自粘式贴缝带使用更加方便、工艺更加简单，效果更加显著。

6.2　坑槽修补

沥青路面坑槽修补根据修补工艺的不同可分为热补和冷补两种方式。

6.2.1　冷补

冷补是采用冷拌沥青混合料，在气温较低、雨雪季节或工期紧迫情况下进行的沥青路面坑槽修补作业。

1）施工工艺

（1）施工准备

准备好相关的材料和设备机具，封闭交通。

（2）确定处治面积

按照“圆洞方补、斜洞正补”的原则，在路面上画出所需修补的轮廓线，轮廓线应是与路中线平行或垂直的正方形或长方形。一般为沿坑槽四周向外扩大 100~150mm 的方形范围，如图 6-9 所示。

图 6-9　施画修补轮廓线

（3）切除路面

用小型机具切除处治范围内的沥青混凝土路面，且保证坑槽底部平整。切除的废料应装车统一运离现场，如图 6-10 所示。

图 6-10　切除原路面

（4）清理坑槽

人工清理坑槽周围及底部的松散混合料，再用鼓风机将槽内吹扫干净，保持坑槽干燥，如图 6-11 所示。

图 6-11　清理坑槽

（5）涂刷黏结材料

坑槽底面及四壁涂刷黏结材料，如热沥青、乳化沥青等，用量为 0.4~0.6kg/m²，如图 6-12 所示。

图 6-12　涂刷黏结材料

（6）添加冷补料

将冷料倒入坑槽内，松铺系数宜为 1.3 左右，如图 6-13 所示。

图 6-13 添加冷补料

（7）压实

小坑槽采用平板振动夯夯实；大坑槽采用小型振动压路机碾压，如图 6-14 所示。

图 6-14 压实

（8）开放交通

坑槽修补完毕后，清除路面垃圾和废旧料，运离现场集中堆放，并开放交通。

2）施工要点

（1）确定正确的坑槽处治范围。

（2）确保坑槽底部及四壁清洁干净。

（3）注意新旧路面接缝处的压实。

3）质量要求

（1）修补路面与原路面结合紧密，表面无明显离析。

（2）修补路面应密实，不得有渗水现象。

（3）路面修复平整，无凸起凹陷，无积水现象。

6.2.2　热补

热补是采用热拌沥青混合料对沥青路面的坑槽进行修补，热补法也可用于处治松散、沉陷、局部车辙、波浪拥包等病害。

1）施工工艺

（1）施工准备

准备好相关的材料和设备机具，封闭交通。

（2）确定处治面积

一般为沿坑槽四周向外扩大 10cm 的方形范围。确定处治范围后，可采用粉笔将处治区域划成方形，便于加热板就位和坑槽修正顺直。

（3）加热病害路面

根据划定的范围，确定加热板的加热范围，一般为坑槽实际边缘向四周扩大 30cm。路面加热时间以路面混合料能耙松为原则，如图 6-15 所示。

图 6-15　加热修补区

（4）耙松

路面加热完毕后，用铁耙将表面混合料耙松，耙松范围一般比加热范围内缩 5~10cm，保证接缝为热接缝，如图 6-16 所示。

图 6-16　耙松病害路面

当旧路面材料沥青含量较少，松散、黏结性差时，则全部弃用；而旧路面材料较好还能利用时，则仅铲除烧焦或受到污染而不能利用的混合料。

铲除的旧料要集中装车运走。

耙松后用铁铲凿边，保证坑槽四壁垂直，轮廓整齐成方形。

（5）加热、添加新混合料

对清理后的坑槽加热，确保坑槽温度不小于 110℃；坑槽底面及四壁涂刷改性乳化沥青，用量为 0.6~1.0kg/m^2；新混合料的加热温度为 140~150℃（基质沥青）、160~170℃（改性沥青），卸料时应注意防止离析。

当利用旧路面材料时，添加新料之前，应先在旧料表面喷洒适量乳化沥青，提高旧料与新料的结合效果。

松铺系数宜为 1.3 左右，确保混合料压实后比原路面略高，如图 6-17 所示。

（6）修整

用铁耙将新混合料进行修正，使细料能填充在坑槽边缘，保证坑槽边缘新旧路面接缝在碾压后结合紧密，不渗水。

（7）压实

采用小型振动压路机碾压，如图 6-18 所示。

图 6-17　添加的修补料略高于路面

图 6-18　压实

（8）开放交通

坑槽修补完毕后，待沥青冷却至 50℃以下时开放交通。

2）施工要点

（1）确定正确的坑槽加热范围。

（2）控制好坑槽的加热温度。

（3）保证新加沥青混合料不发生离析。

3）质量要求

（1）新补路面应碾压密实，表面无轮迹。

（2）新补路面与原路面结合紧密，结合部不渗水，表面无泛油与离析现象。

（3）新补路面不得有积水和渗水现象。

6.3 泛油修补

泛油修补主要采用在病害处撒布碎石（5~10mm）、矿料（3~5mm）、粗砂（0~3mm）或石屑等材料的方法进行处治，如图 6-19 所示。

图 6-19　连续泛油路段的处治

1）修补工艺

泛油的修补工艺流程如图 6-20 所示。

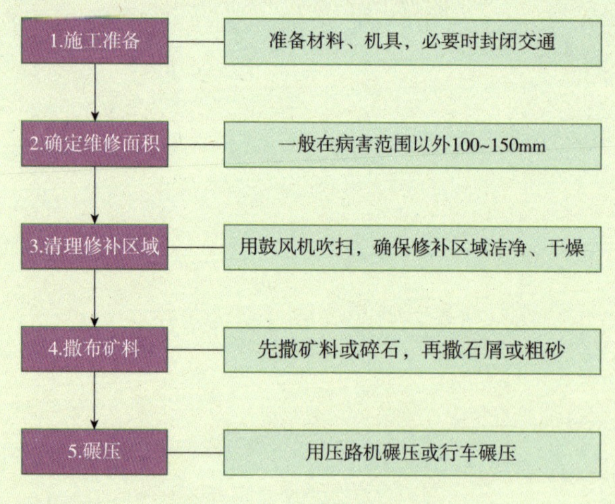

图 6-20　泛油修补工艺

2）施工要点和注意事项

（1）处治时间应选择在高温季节（每年的 6~8 月）。

（2）撒料时应顺行车方向，先粗后细，无堆积、无空白。

（3）分次撒布时，两次撒布之间应用压路机碾压，稳定后再进行下次撒布。最后采用压路机或引导行车碾压，使所撒石料均匀压入路面。

（4）采用行车碾压，应及时将飞散的粒料扫回，待泛油稳定后，将多余浮动的石料清扫并收回。

6.4　局部松散修补

局部松散的修补是在病害处洒布热沥青或乳化沥青后，再撒铺矿料（3~5mm）并压实。当路面松散严重时，可按照坑槽进行处治。

局部松散的修补工艺如图 6-21 所示。

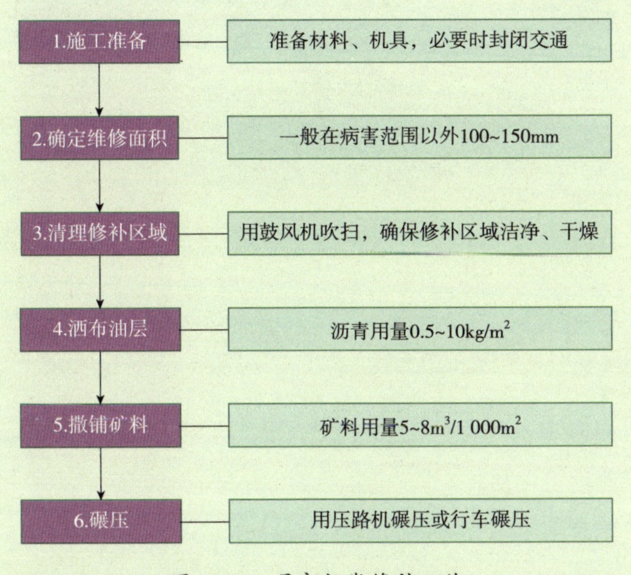

图 6-21　局部松散修补工艺

6.5　沉陷修补

沉陷的修补主要是采用新的沥青混合料将沉陷处回填并压实的方法进行处治。

沉陷的修补工艺如图 6-22 ~ 图 6-24 所示。

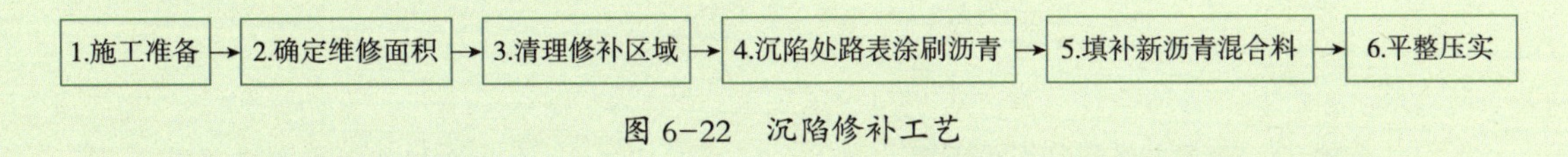

图 6-22　沉陷修补工艺

图 6-23　沉陷路表洒布热沥青

图 6-24　压实

6.6　局部车辙修补

局部车辙的修补是将辙槽两侧凸出部分铣刨后，用新的沥青混合料填补辙槽并压实，使修补后的路面与原路面保持平整。

局部车辙的修补示意图如图 6-25 所示。

局部车辙的修补工艺如图 6-26 所示。

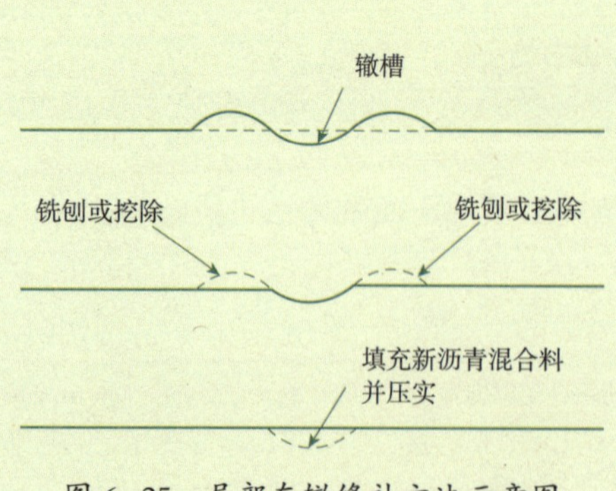

图 6-25　局部车辙修补方法示意图

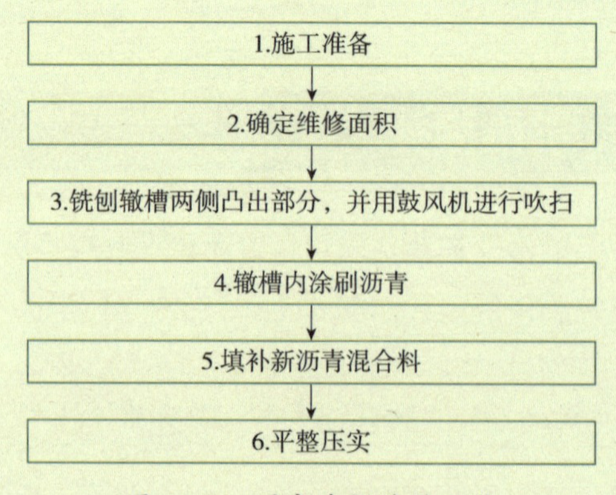

图 6-26　局部车辙修补工艺

6.8 铣刨加铺

铣刨加铺是指将原路面下面层保留，铣刨上部一层或两层，并对下面层的局部病害进行处理后的路面加铺。加铺结构层的类型和厚度与直接加铺基本相同。铣刨加铺过程如图6-28～图6-30所示。

图 6-29　铣刨后路面

铣刨原路面面层时应保证下面层强度，避免扰动完好的下面层。加铺罩面前，应在铣刨后的路面上喷洒黏层油，黏层油的用量通常为0.6～1.0L/m²。

图 6-30　原路面铣刨后加铺

6.9　翻修加铺

根据翻修层位可将翻修加铺分为面层翻修加铺和基层翻修加铺两种形式。

6.9.1　面层翻修加铺

面层翻修加铺是指将原沥青路面的面层全部翻修，并对旧路基层进行局部的功能性修复，其结构示意图如图 6-31 所示。

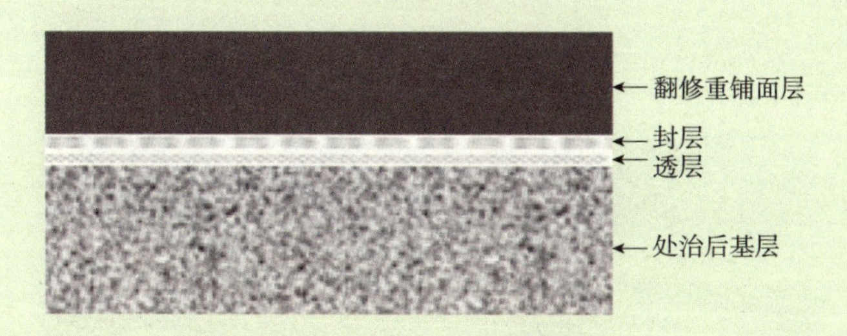

图 6-31　面层翻修加铺结构示意图

面层翻修加铺的质量控制要点如下：

（1）面层翻修通常采用两种方式：铣刨或挖除。原路面面层翻修前应结合地域环境、工程造价、施工工期，以及旧沥青路面面层材料循环利用方式等因素进行综合考虑。

（2）按预定翻修厚度将原路面面层铣刨或挖除，应避免损坏完好的基层。面层旧料应避免混入基层材料、泥土或其他杂质，且面层材料应统一回收，运送至沥青拌和厂。

（3）原路面面层挖除后，需对基层出现的裂缝、坑洞、松散等病害进行修补或挖除，如图 6-32 所示。

图 6-32　铣刨面层后铺格栅处理基层裂缝

（4）面层重铺时，一般采用与原沥青路面结构层相同或按设计要求的材料和厚度进行铺筑，与不翻修路段连接的原路侧壁应涂刷 0.3kg/m² 左右黏层沥青。

6.9.2　基层翻修加铺

基层翻修加铺是指将路面面层翻修的同时，将路面基层也进行翻修。若保留原路面底基层，病害处治后可充当底基层或垫层。基层翻修加铺施工及路面结构示意图如图 6-33、图 6-34 所示。

图 6-33　基层翻修加铺施工

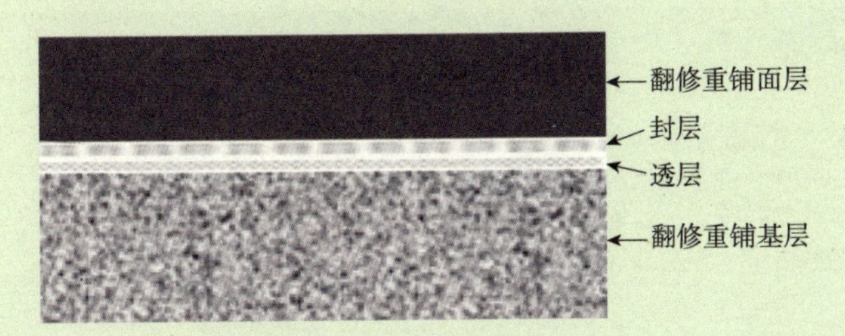

图 6-34　基层翻修加铺结构示意图

基层翻修加铺的质量控制要点如下：

（1）沥青面层的翻修范围应超出基层翻修范围的边缘线 30cm 左右，以使基层、面层接缝错开。

（2）将沥青面层旧料收集运送后，才可清除基层材料，避免两种材料混杂，影响回收旧料的再生利用效果。

（3）整平路基表面并经碾压后，采用与原路段相同或符合设计要求的基层材料进行铺筑，当基层稳定并达到要求强度后，喷洒 0.7 ~ 1.1kg/m^2 透层沥青，采用与原路段相同或符合设计要求的材料铺筑面层。

（4）完善路基排水和路面排水系统。

6.10　沥青路面再生技术

6.10.1　再生技术分类及选用原则

1）沥青路面再生技术分类

沥青路面再生分为面层再生和基层再生两大类。按工艺分为厂拌热再生、就地热再生、厂拌冷再生和就地冷再生四种。

沥青路面面层再生是将路面翻挖或铣刨，回收旧沥青路面材料，经过破碎、筛分后，再添加一部分新骨料、新沥青（必要时添加再生剂），进行再生工艺的处理，重新拌制后铺筑于沥青路面面层结构层。

沥青路面基层再生是对旧路稳定类基层材料、沥青面层和稳定类基层材料进行拌和，同时掺配一定比例的碎石和水泥，重新摊铺碾压成型再生基层。

沥青路面再生技术类型、优缺点及适用范围如表 6-1 所示。

各种再生技术应用如图 6-35 ~ 图 6-38 所示。

沥青路面再生技术类型、优缺点及适用范围　　表 6-1

再生类型	热 再 生	冷 再 生
厂拌	优点：工艺易控制，再生后的混合料性能好。 不足：旧料回收利用需要运输，对拌和设备要求高，旧料掺量较少，一般为 20% ~ 30%。 适用范围：面层再生	优点：工艺易控制，再生后的混合料性能较好，能耗低、污染小，减排效果显著。 不足：冷再生混合料强度的形成需要一定的时间，需加铺一定厚度的磨耗层。 适用范围：面层再生或基层再生
就地	优点：节省材料转运费用，回收旧沥青路面材料利用率高。 不足：再生深度仅为 20~50mm，施工易产生不均匀性，质量控制难度大。 适用范围：面层再生	优点：节省材料转运费，回收旧料利用率高，施工过程能耗低、污染小。 不足：施工质量控制的难度大，需要加铺较厚的路面结构层。 适用范围：面层再生或基层再生

图 6-35　厂拌热再生

图 6-36　就地热再生

图 6-37　厂拌冷再生

图 6-38　就地冷再生

2）沥青路面再生技术选用原则

沥青路面再生技术的选用，要根据公路等级、路面状况、养护工程性质、交通量情况、施工环境、生产能力等因素，综合考虑和选择。

沥青路面再生技术的选用，宜遵循以下原则：

（1）沥青面层材料与基层材料，应分别回收并再生利用。

（2）路面修复养护工程沥青面层材料，应优先考虑厂拌再生技术。

（3）用于路面中、下面层的再生沥青混合料，可优先选择厂拌冷再生技术。

（4）用于表面层的再生沥青混合料，要选择厂拌热再生技术。

（5）路面表面功能的恢复工程，可选择就地热再生技术。

（6）基层材料再生利用，主要选择就地或厂拌冷再生技术。

6.10.2 厂拌热再生技术

厂拌热再生是将回收沥青路面材料（RAP）运至沥青拌和厂（场、站），经破碎、筛分，以一定的比例与新集料、新沥青、再生剂（必要时）等拌制成热拌再生混合料铺筑路面的技术。

1）厂拌热再生应用要求

（1）有条件的宜配备再生设备，改造的同时应注意保证再生料的生产效率。

（2）再生利用时拌和楼中混合料的加热温度不宜过高，避免旧沥青路面材料中的沥青进一步老化，要协调好旧沥青路面材料掺量与再生混合料使用性能。

（3）厂拌热再生混合料的摊铺温度比传统的热拌沥青混合料略低，需衔接各工序，保证路面压实度，必要时可采用温拌技术，合理地利用再生剂。

2）厂拌热再生材料技术要求

厂拌热再生的混合料类型、工程设计级配范围的确定应符合《公路沥青路面施工技术规范》（JTG F40）的相关规定。设计得到的厂拌热再生混合料性能应符合《公路沥青路面施工技术规范》（JTG F40）中相应热拌沥青混合料类型的技术要求。

3）厂拌热再生施工质量控制标准

厂拌热再生沥青混合料路面的施工质量标准与控制，应符合《公路沥青路面施工技术规范》（JTG F40）对热拌沥青混合料路面的有关规定，在施工过程中应对沥青混合料回收料 RAP 按表 6-2 项目进行控制。

厂拌热再生施工过程中 RAP 的检查频度与质量要求 表 6-2

检查项目		检测频度		质量要求或允许偏差	
		高速公路、一级公路	其他等级公路	高速公路、一级公路	其他等级公路
RAP 含水率		1 次 /d	1 次 /2d	≤ 3%	≤ 3%
RAP 中集料毛体积密度		1 次 /3 000t	1 次 /5 000t	实测	实测
RAP 矿料级配	≤ 0.075mm	1 次 /d	1 次 /（2 ~ 3）d	± 2%	± 3%
	0.075mm 以上筛孔通过率	1 次 /d	1 次 /（2 ~ 3）d	± 6%	± 8%
RAP 沥青含量		1 次 /d	1 次 /（2 ~ 3）d	± 0.4%	± 0.5%
RAP 沥青	针入度（25℃）	1 次 /3 000t	1 次 /5 000t	± 5%	± 7%
	黏度（Pa · s，60℃）	1 次 /3 000t	1 次 /5 000t	± 10%	± 15%

6.10.3　厂拌冷再生技术

厂拌冷再生技术是将路面回收料运到沥青混合料拌和场（厂），以一定的比例与新集料、再生结合料、填料（矿粉等）进行常温拌和，常温铺筑形成路面结构层的沥青路面再生技术。

对于 RAP，应使用乳化沥青或泡沫沥青作为再生结合料；对于 RBM，应使用水泥或者石灰等无机结合料作为再生结合料。

1）厂拌冷再生应用要求

厂拌冷再生一般用于面层再生或基层再生。

（1）厂拌冷再生一般采用水泥、乳化沥青、泡沫沥青进行再生。其中，乳化沥青冷再生可用于面层再生或基层再生。用于面层再生时，关键在于选择性能优越的乳化沥青，做好再生混合料配合比设计；水泥和泡沫沥青再生多用于基层再生，泡沫再生重点要保证泡沫沥青的发泡效果。

（2）无论面层再生还是基层再生，由于采用冷拌冷铺工艺，往往需要较大的压实功，以保证再生结构层的压实度满足要求。

2）冷再生混合料设计技术要求

（1）乳化沥青冷再生混合料设计技术要求见表 6-3。

乳化沥青冷再生混合料设计技术要求　　表 6-3

试验项目		技术要求		
空隙率（%）		8 ~ 13		
15℃劈裂强度试验	劈裂强度（MPa）不小于	层位	重交通及以上等级	其他交通等级
		面层	0.60	0.50
		基层及以下层位	0.50	0.40
	干湿劈裂强度比（%）不小于	80		75
冻融劈裂强度比 TSR（%）　不小于		75		70
60℃动稳定度　不小于		2 000		

（2）泡沫沥青冷再生混合料设计技术要求见表 6-4。

泡沫沥青冷再生混合料设计技术要求 表 6-4

试验项目		技术要求		
15℃劈裂强度试验	劈裂强度（MPa）不小于	层位	重交通及以上等级	其他交通等级
		面层	0.60	0.50
		基层及以下层位	0.50	0.40
	干湿劈裂强度比（%）不小于	80		75
冻融劈裂强度比 TSR（%）	不小于	75		70
60℃动稳定度	不小于	2 000		

（3）乳化沥青冷再生混合料或者泡沫沥青冷再生混合料中，乳化沥青或泡沫沥青添加量折合纯沥青后占混合料其余部分干质量的百分比通常为 1.8% ~ 3.5%，水泥等活性填料剂量不应超过 2.0%。

3）厂拌冷再生施工过程的质量控制检查项目与质量控制要求（表 6-5）

厂拌冷再生施工过程的质量控制检查项目与质量控制要求 表 6-5

检查项目		质量要求	检验频率
压实度（%）	乳化沥青	≥ 98（特重、重交通公路） ≥ 97（其他等级公路）	2 次 /（km · 车道）
	泡沫沥青	≥ 99（特重、重交通公路） ≥ 98（其他等级公路）	
新沥青含量		设计值 ±0.2%	1 次 /d
水泥用量		设计值 ±0.3%	1 次 /d
混合料级配		符合设计要求	1 次 /d
15℃劈裂强度（MPa）		符合设计要求	1 次 /d
动稳定度（次 /mm）		符合设计要求	1 次 /3d
冻融劈裂强度比 TSR（%）		符合设计要求	1 次 /3d
含水率（%）		符合设计要求	发现异常时

6.10.4 就地热再生技术

就地热再生技术是指利用专用的就地热再生设备，对沥青路面进行现场加热、翻松，掺入一定数量的新集料、新沥青、再生剂等，经混拌、摊铺、碾压等工序，一次性实现对表面一定深度范围内（一般不超过 6cm）的旧沥青混凝土路面再生的一种技术。

就地热再生一般用于面层再生。应充分考虑区域性，结合实际路用状况选择再生剂。

1）就地热再生技术分类

它可以分为复拌再生、加铺再生两种。

（1）复拌再生。将旧沥青路面加热、翻松、就地掺加一定数量的再生剂、新沥青、一般不超过 30% 的新沥青混合料，经热态拌和、摊铺、压实成型。

（2）加铺再生。将旧沥青路面加热、翻松，就地掺加一定数量的新沥青混合料、再生剂，拌和形成再生沥青混合料，利用再生复拌机的第一熨平板摊铺再生沥青混合料，利用再生复拌机的第二熨平板同时将新沥青混合料摊铺于再生混合料之上，两层一起压实成型。

2）就地热再生施工过程质量控制标准

就地热再生的混合料类型、工程设计级配范围的确定，以及设计得到的就地热再生混合料性能应符合《公路沥青路面施工技术规范》（JTG F40）中相应热拌沥青混合料类型的技术要求（表 6-6）。

就地热再生施工过程中的质量控制标准　　表 6-6

检查项目		检查频度	质量要求或允许偏差
新料、再生剂、沥青用量		随时	适时调整、总量控制
压实度		每 2 000m^2 检查 1 组，逐个试件评定并计算平均值	最大理论相对密度的 93%
渗水系数		1 ~ 2 次 /d	≤ 300mm/min（普通密级配沥青混合料） ≤ 200mm/min（SMA）
再生混合料级配	0.075mm	1 次 /d	± 2%
	≤ 2.36mm		± 5%（高速公路、一级公路） ± 6%（其他等级公路）
	≥ 4.75mm		± 6%（高速公路、一级公路） ± 7%（其他等级公路）
再生混合料沥青含量		1 次 /d	设计值 ± 0.3%

6.10.5　就地冷再生技术

就地冷再生技术是指采用就地专用设备，对沥青层进行现场冷铣刨、破碎和筛分，掺入一定数量的新集料、再生结合料、活性填料、水，经过常温拌和、摊铺和碾压等工序，一次性实现旧沥青路面再生的技术。

就地冷再生一般用于面层再生或基层再生。由于原路面的翻拌、再生、摊铺、碾压等工序均在现场完成，要严格现场施工工艺质量控制，减少不均匀性。

就地冷再生混合料设计要求以及施工过程中的质量控制标准参照第 6.10.3 节。

沥青路面再生技术能够节约大量的沥青、砂石等资源，同时有利于处理废料、保护环境，是一种经济、绿色环保养护技术，经济、社会环境效益显著，可用于沥青路面修复养护，应大力推广应用。

第7章

路面养护安全作业

7.1 安全管理体系

公路养护施工安全直接关系到公路安全畅通，不仅涉及施工管理和操作者的安全，而且涉及行驶车辆和公路设施的安全。为加强公路养护安全管理，应在以下方面做好安全管理工作。

7.1.1 养护施工安全合同管理

养护工程的安全责任必须纳入承包合同内容，上级管养单位与基层管养单位签订安全合同，需明确安全管理要求，落实安全责任。凡是拒不执行安全规定的，要限期整改，实施处罚。上级管养单位应对基层管养单位实施监督。同时，业主单位应与施工承包单位及监理单位签订施工安全合同，或在施工承包合同及监理合同中明确施工安全作业条款。

7.1.2 施工前期安全准备

基层管养单位要对养护施工作业人员进行安全知识和安全技能培训，如图7-1所示。养护工程开工前，上级管养单位应组织召开技术和安全交底会议，对基层管养单位的安全工作

图7-1　施工安全技能培训

明确具体要求，对进场施工的安全准备情况进行核查。基层管养单位要制定施工项目的安全管理岗位职责、制度和操作规程，配备施工安全必需的设施、设备。

7.1.3 施工现场安全管理

施工现场安全管理应按照《公路养护安全作业规程》(JTG H30)的相关要求执行。如修复养护作业单位应制定安全与通畅保障方案。施工单位应参照施工组织方案开展安全管理工作。作业人员必须穿戴安全标志服。路面施工点要按规范规定合理布置。应加强巡查，及时发现并清除路面影响行车的被抛撒的废弃物件。路面施工需要采取交通分流、管制等措施时，必须事前与路政、交警部门密切协调配合。养护施工工程要尽快完成，严格执行质量和时效规定，并且认真清理施工现场，及时开放交通。凡是来不及安排处治并且直接影响交通安全的情况要采取紧急预案处理，对路面坑洞要采取临时填补。

7.1.4 养护设备安全管理

基层管养单位的所有养护设备运行时须严格执行安全规定。操作人员必须具备相应资格资质证书，应会基本知识，熟悉操作技能，要定期对机械设备操作人员进行安全检查考核。养护施工作业车辆应定期检修，如图 7-2 所示，不准带病出车，不准随意掉头和逆向行驶，夜间行车必须保持高度警觉，严禁疲劳和违规驾驶。

图 7-2 养护设备检修

7.1.5 突发紧急情况处置

基层管养单位应针对安全事故、交通运输事故、公共设施和设备事故等突发紧急情况分别制订处置预案措施，提前做好各项准备工作，提高处置突发紧急情况的能力，最大限度地预防和减少突发情况造成的损害。

7.1.6　养护安全信息管理

基层管养单位应坚持路况巡查制度和紧急情况报告制度。及时掌握所辖路段的路况和养护施工信息，凡是可能影响交通安全的施工作业情况，都应当及时将信息汇集至上级部门，突发紧急情况必须及时上报，将收集的养护信息认真予以记录并归类管理，如图 7-3 所示。

图 7-3　养护安全信息管理示例

7.1.7　安全检查考核

1）安全巡查工作

（1）基层管养单位的养护人员每天要坚持上路巡查，巡查的次数每天不少于一次。公路巡查必须做到定时、定向、线路，进行检查时，必须做好检查记录。

（2）各基层养护人员要把当天巡路的情况汇报班长，并认真填写好巡查日志，记录员和班长应签名，认真做好巡查日志的归档工作。

（3）全面检查公路路面及沿线公路设施是否完好，是否存在安全隐患。发现问题，按职责范围及时处理，超出范围的应及时上报上级部门处理，防止公路交通事故的发生。

2）安全考核

健全体制、落实制度，落实全员责任制。管理制度的制定和落实是安全生产的保障，应以安全生产法为基础，制定适合本单位的规章制度，将每一项工作的细节都通过制度、规范的形式形式文字，同时狠抓制度的落实情况，通过加强培训、定期考核等方式确保职工理解到位、落实到位。

上级管养单位必须坚持安全检查和督察，长抓不懈，警钟长鸣。将养护安全工作纳入目标责任管理，分期进行考核，严格奖惩。对管理不善、监督不为、执行不力导致的重大以上养护安全责任事故，坚决实行责任追究制度。对严重违反规定且拒不整改的工作，责令停工整改。

7.2 养护安全作业管理

在路面养护作业中，安全性至关重要，其目的在于最大限度地使公路养护安全作业规范化，保障养护作业人员和设备的安全（图 7-4），并保障车辆安全顺利地通过养护作业路段（图 7-5）。

图 7-4　保障作业安全

图 7-5　保障交通通畅

7.2.1　公路养护作业类型划分

公路养护作业按照作业时间可划分为长期养护作业、短期养护作业、临时养护作业和移动养护作业，如图 7-6 所示。

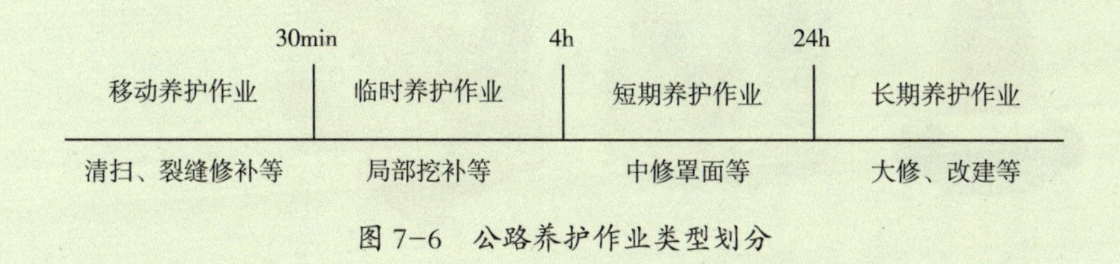

图 7-6　公路养护作业类型划分

7.2.2　养护作业控制区

1）控制区区段划分

养护作业控制区是指公路养护安全作业所布置的交通管控区域。由警告区、上游过渡区、纵向缓冲区、工作区、下游过渡区和终止区组成。在保障行车道宽度前提下，工作区和纵向缓冲区宜布置横向缓冲区，如图 7-7 所示。

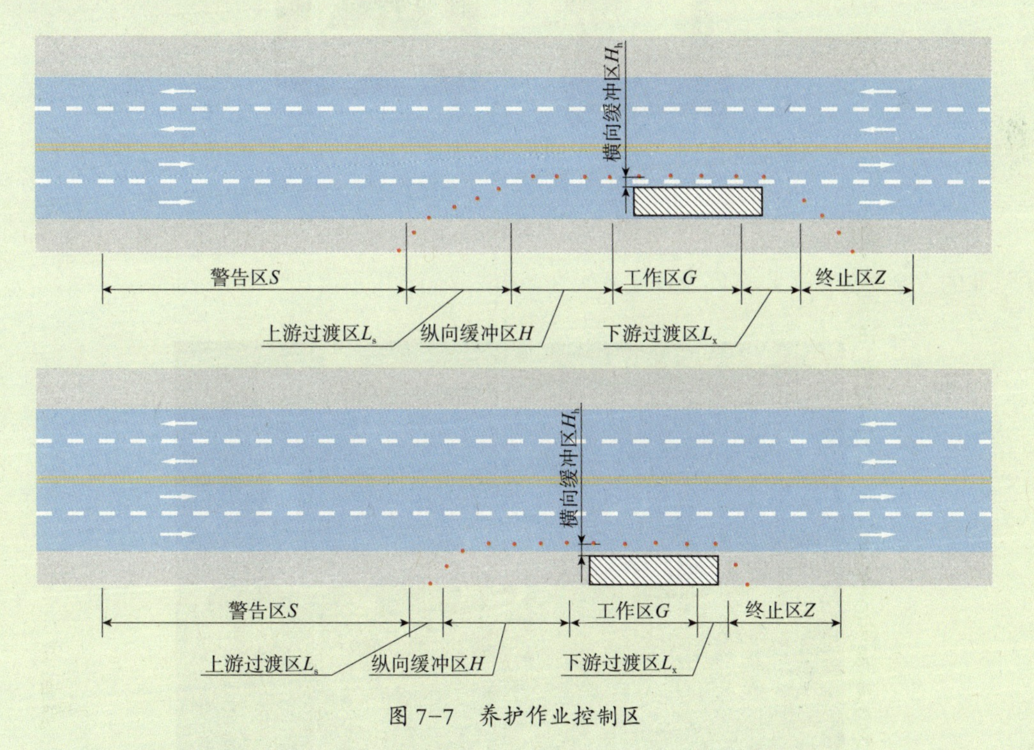

图 7-7　养护作业控制区

2）常见的安全设施

（1）安全设施的种类和样式应按照《公路养护安全作业规程》（JTG H30）的相关规定执行。典型安全设施如图 7-8、图 7-9 所示。

图 7-8　长期及短期养护作业的典型安全设施

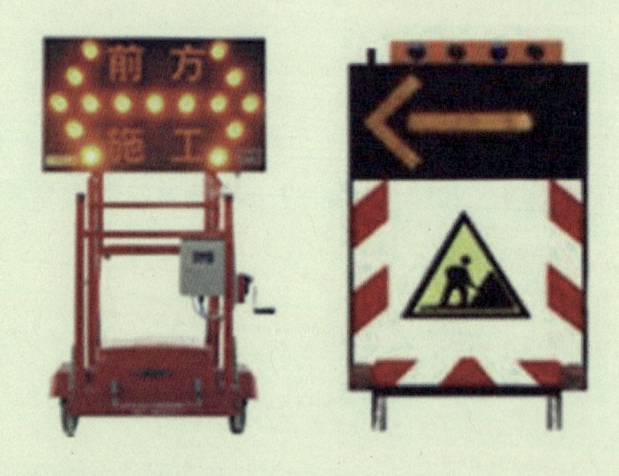

图 7-9　临时及移动养护作业的典型安全设施

（2）公路养护安全设施在使用期间应定期检查维护，保持完好并正常使用。用于夜间养护作业的安全设施必须具有反光性或发光性，如图 7-10 所示。

图 7-10　夜间养护安全设施示例

（3）夜间养护作业控制区应布设照明设施、警示频闪灯和语音提示设施。

（4）公路养护作业开始前应覆盖与养护安全设施相冲突的原有公路设施，结束后应及时恢复被覆盖的原有公路设施。

7.2.3　长、短期养护作业

（1）三级及以上公路养护作业控制区可按照标准控制区区段划分，四级公路可简化为警告区、上游过渡区、工作区和下游过渡区。

（2）应保证相邻工作区的净距，高速公路和一级公路相邻两个工作区净距不宜小于 5km，二、三级公路不宜小于 3km。

（3）应避免中间车道封闭两侧通行的现象，六车道及以上公路的封闭中间车道养护作业时，宜同时封闭相邻一侧车道，如图 7-11 所示。

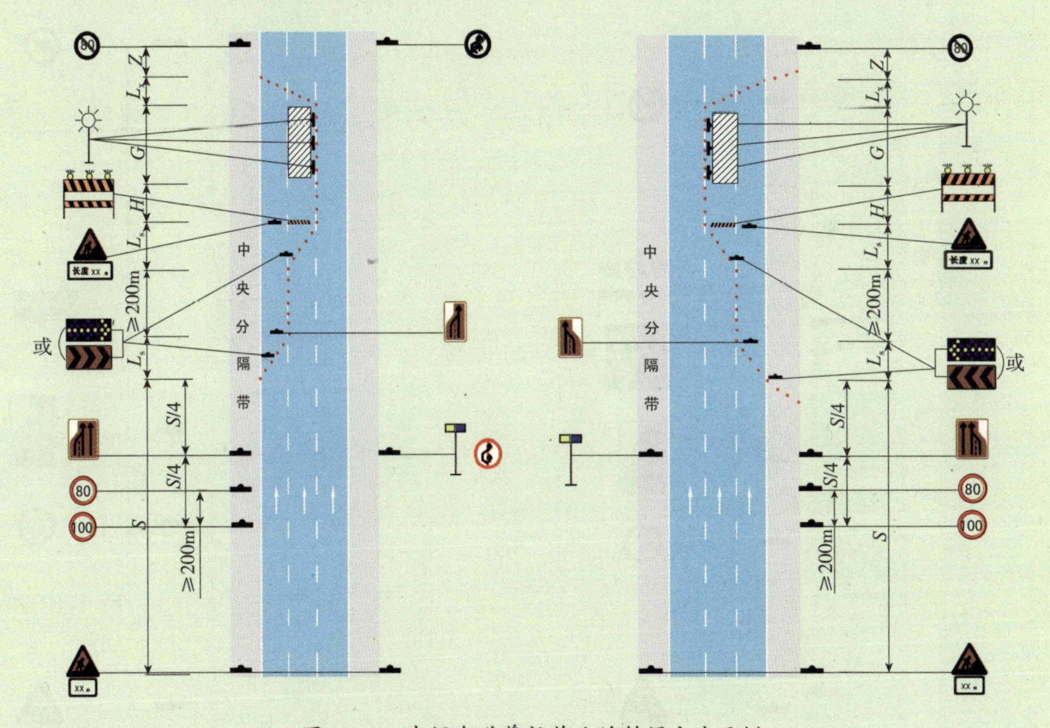

图 7-11　中间车道养护作业的封闭方法示例

（4）应采用逐级限速的方式，确保车辆到达工作区附近时速度得到有效控制。

（5）养护作业控制区应设置工程车辆专门的出、入口，并宜设在顺行车方向的下游过渡区内。当工程车辆需经上游过渡区或工作区进入时，应布设警告标志并配备交通引导人员。

（6）弯道、纵坡、桥梁、隧道、平面交叉及收费广场的养护作业可按照《公路养护安全作业规程》（JTG H30）的相关规定执行。

7.2.4 临时、移动养护作业

1）基本要求

（1）非应急抢险、抢修养护作业，夜间不宜进行临时和移动养护作业。

（2）双向四车道以上公路按照“平直路段”的养护安全作业要求执行，双向两车道以下公路可按照《公路养护安全作业规程》（JTG H30）的相关要求简化。

2）平直路段

（1）临时养护作业可分为有无移动式标志车两种，当布设移动式标志车时，可不布设上游过渡区，如图 7-12 所示。并按照《公路养护安全作业规程》（JTG H30）的要求确定是否封闭车道。

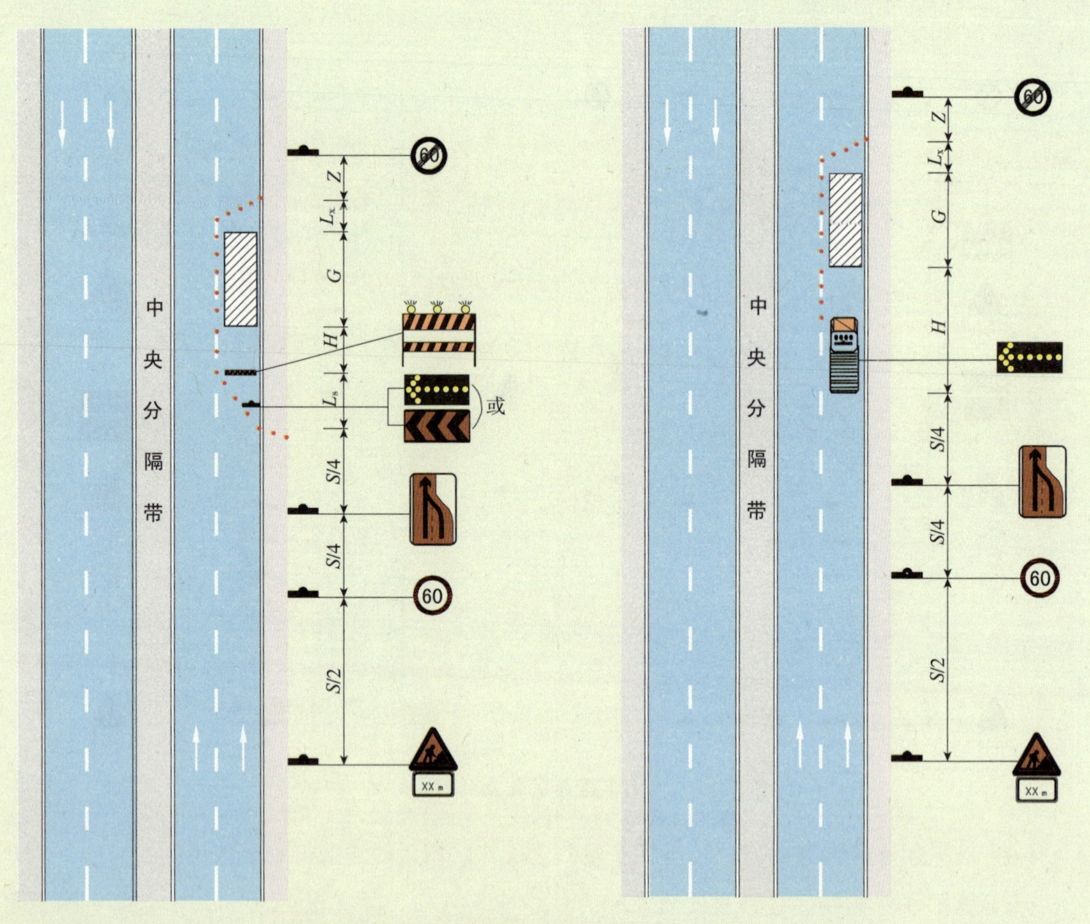

图 7-12　高速公路及一级公路临时养护作业

（2）机械移动养护作业，宜布设移动式标志车，当作业机械配备闪光箭头或车辆闪光灯时，可不布设移动式标志车，如图 7-13 所示。

图 7-13　移动式标志车

（3）当占用路面进行人工移动养护作业时，应配备交通引导人员。对于路肩清扫等人工移动养护作业，宜布设移动式标志或交通锥，如图 7-14 所示。人工移动养护作业应避开高峰时段。

图 7-14　人工移动养护作业

（4）中央分隔带或边坡绿化内的植被灌溉养护作业，应在灌溉车辆上配备醒目的闪光箭头和车辆闪光灯，也可在灌溉车辆后布设移动式标志车。作业人员不得在中央分隔带内休息，且中央分隔带中不宜多人集中作业。

3）弯道路段

弯道后临时或移动养护作业时，应在弯道前布设警告标志。临时养护作业应在弯道前完成上游过渡区，确保车辆平稳通过弯道。如图 7-15 所示。

4）桥涵养护作业

（1）桥梁的桥面、伸缩缝、泄水孔、护栏、护轮带的常规检查、清理作业可按临时养护作业控制区布置，更换作业应半幅封闭或全幅封闭受伸缩缝施工影响的桥孔。

①半幅封闭应按《公路养护安全作业规程》（JTG H30）的有关规定执行。

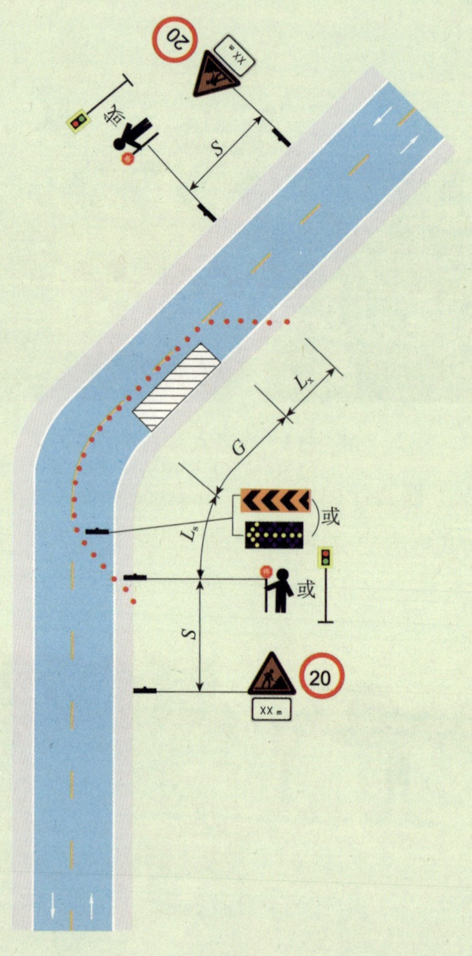

图 7-15　弯道路段临时作业

②全幅封闭应做好分流信息提示，并在作业控制区前后的交叉路口布设桥梁封闭或改道标志。

（2）桥梁拉索、悬索及桥下部结构养护作业影响范围内，应将对应桥面封闭为工作区，并布置养护作业控制区，对影响净高或净宽的养护作业，应布设限高或限宽标志。

5）隧道养护作业

（1）隧道养护作业宜在交通量较小时进行。

（2）临时和移动养护作业宜布设移动式标志车，并在隧道两端布设施工标志，必要时配备交通引导人员，移动养护作业宜采用机械移动养护作业。

7.2.5　特殊路段及特殊气象条件养护作业

1）特殊路段

（1）穿城区、村镇路段养护安全作业，除应按相应的养护作业控制区布置外，还应布设车道渠化设施，并采取强制限速与行人控制措施。

（2）易发生地质灾害的傍山路段养护安全作业，除应按相应的养护作业控制区布置外，还应设专人观察边坡险情，如图7-16所示。

图7-16 傍山路段养护作业

（3）路侧险要路段养护安全作业，除应按相应的养护作业控制区布置外，还应加强路侧安全防护，如图7-17所示。

图7-17 路侧险要路段养护作业

2）特殊气象条件

（1）冬季除冰雪安全作业，参与作业人员及车辆还应做好防滑措施，切实保障自身安全。

（2）高温季节养护安全作业，还应采取防暑降温措施，并适当调整作息时间，尽量避开高温时段养护作业。

（3）除应急抢险外，雨、雾、沙尘、大风等恶劣天气下不宜开展养护作业，开展养护作业应按照《公路养护安全作业规程》（JTG H30）的相关要求执行。

7.2.6 管理要求

（1）公路修复养护作业单位应制订安全和通畅保障方案，并报有关部门审批，应根据批复方案进行养护作业控制区布置与安全作业管理，公路管理机构或经营管理单位应对养护安全作业进行监督检查。

（2）公路管理机构或经营管理单位应组织制订养护安全作业应急预案。当养护作业控制区发生突发事件时，应及时启动应急预案。

（3）公路管理机构或经营管理单位应利用可变信息标志、交通广播、网络媒体、临时性交通标志等沿线设施与信息服务平台，及时发布或提示前方公路或区域路网内的养护作业信息，如图 7-18 所示。

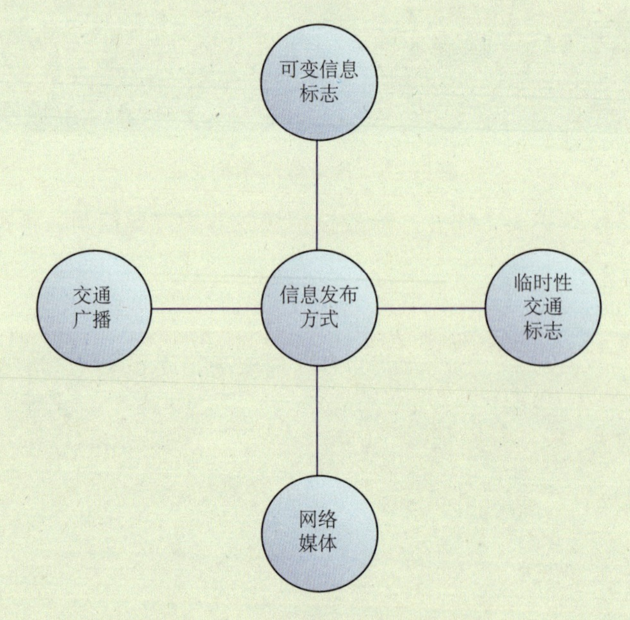

图 7-18　公路养护信息发布方式

第8章

公路养护管理

8.1 公路管理

公路管理是一种国家行政行为，它是根据法律、法规或交通主管部门的授权，由公路管理机构及其工作人员，依据有关法规和规章制度，对公路的修建、养护、使用等工作与行为，履行组织、领导、决策、调整、监督、检查、处置等行政职责的活动。国家交通主管部门为中华人民共和国交通运输部，如图 8-1 所示。

图 8-1 中华人民共和国交通运输部

没有管理的科学化，就不可能有公路的现代化。公路的科学、规范化管理，对所有从事公路管理的工作人员在知识和技能、积极性和创造性等方面都提出了更高的要求。

公路管理的内容从宏观上广义地讲，包括公路立法，公路建设（包括规划、计划、勘测设计、施工）管理，公路养护管理，公路路政管理，公路交通管理，公路规费征收与使用管理，以及公路人事行政、教育、科研、材料和装备管理等。从宏观上狭义地讲，公路管理则指公路建成投入使用以后的管理，即特指现有公路的使用管理，包括公路养护管理、路政管理、交通管理和规费管理等。

即便从微观上看，公路管理的任务也还是相当庞杂的，除了公路交通安全管理工作脱离本行业划归公安部门负责外，组织、计划、技术、装备、材料、财务、劳动工资管理，以及教育、科研等工作的管理都由公路管理部门本身在进行。公路管理的基本任务如表 8-1 所示。

公路管理的基本任务　　表 8-1

管理分类		基本内容
公路养护管理	公路及其设施	养护工程管理、养护技术管理（包括交通情况调查、路况登记、工程检查验收、路况质量检查评定、基层管理、安全生产、技术进步等）、渡口设备管理、沿线设施管理、公路绿化、砂石料场及沥青库管理、养护装备管理等
	交通服务	超限运输、渡口经营、抗洪抢险、抗震保通、清除冰雪、应急救助、标志标线、护栏信号、通信情报、交通监控、问询服务及路旁休息区经营等
公路规费管理		过路费、过桥费、过隧费、过渡费的征收及使用管理
公路路政管理		负责管理和保护公路、公路用地和公路设施；依法查处各种违章利用、侵占、污染、毁坏路产的行为；控制公路两侧建筑红线；审理跨越公路的其他设施建筑事宜；核批公路的特殊利用、占用和超限运输；维持公路渡口和公路养护施工作业的正常秩序；保护公路管理机构及其工作人员的合法权益；征收公路、公路用地和公路设施特殊利用、占用费及有关索赔、罚没收入，以及涉及路产安全、影响公路完好的路障管理等
其他		包括公路人事行政、公路材料与装备、公路信息系统、公路教育与培训、公路科研等

8.2 公路养护管理

8.2.1 公路养护及其基本任务

公路建成投入使用后，相应的要承受行车荷载的作用以及遭受风吹、雨淋、冰雪、冻融、日晒等自然力的侵蚀，这样必然造成其使用功能和行车服务质量的下降。为延长公路的使用周期，使其保持完好的使用状况，就必须适时地采取适当的工程技术措施，一方面坚持日常保养，及时修复损坏部分，经常保持公路完好、畅通、整洁、美观，另一方面周期性地进行预防养护和修复养护，并逐步改善公路的技术状况，提高公路的使用质量和抗灾能力。这种保持和改善公路使用状况的工作就是我们所指的公路养护。公路养护工作的基本任务归纳起来有以下四点：

（1）坚持日常保养，及时修复损坏部分，使公路及其沿线设施的各部分均保持完好、整洁、美观，保障行车安全、舒适、畅通，以提高社会经济效益。

（2）采取正确的工程技术措施，周期性地进行预防养护和修复养护，延长公路的使用年限，以节约资金。

（3）防治结合，治理公路存在的病害和隐患，逐步提高公路的抗灾能力。

（4）对原标准过低或留有缺陷的路线、构造物、路面结构、沿线设施进行改善和增建，逐步提高公路的使用质量和服务水平。

8.2.2　公路养护管理的主要目标

公路养护工作必须贯彻“预防为主、防治结合”的方针，不断积累技术经济资料，通过应用先进的养护技术和科学的管理方法提高养护技术水平，预作防范，及时消除导致公路损毁的因素，及时治理病害，应用和推广先进管理系统，实行病害监控，实现决策科学化，使有限的资金发挥最大的经济效益。公路养护管理的主要目标如下：

（1）贯彻执行国家有关公路技术法规和公路养护、修建技术政策及规章制度，制定适合当地公路养护技术管理的有关规定和办法。

（2）检查公路各项工程设施的技术状况，制订各类养护工程的技术措施和方案，并进行竣工验收或养护质量评定。

（3）组织公路交通情况调查，系统观测公路使用情况，掌握各项技术经济指标，充实和修订公路路况技术档案，逐步建立数据库系统，为有限资金下的养护维修方案决策和道路网系统的规划研究提供依据。

（4）掌握国内外公路科技发展动态，积极引进、开发、推广公路养护新技术、新材料、新工艺，组织科技交流和培训专业人才，使养护管理工作规范化、科学化。

8.3　公路养护的系统化管理

公路养护的系统化管理是指通过采用信息化技术手段，协调和控制同公路有关的各项活动，使管理部门针对规划、设计、施工、养护等阶段的管理工作，通过应用系统分析的方法，综合考虑技术、经济、社会和政治等方面因素，协调各项道路管理活动，促使道路管理过程系统化。公路的养护管理从微观上看是公路管理过程的一部分，而从宏观广义上看则就是完整的公路管理过程，因此其管理过程也有必要系统化，从而使各项管理活动得到更好的协调、管理工作更加科学与规范化。公路养护信息化管理系统如图 8-2 所示。

作为公路的养护管理工作，每个管理部门都必须考虑如何向上级申请投资以及如何使用好分配到的资金。在向上级管理部门申请投资时，除了以公路的现状和需要作为依据外，还应对投资的效益进行论证。如果申请得以批准，路网的服务能力或路况将会得到多大的改善；如果投资额减少，则公路的使用性能会恶化到怎样的程度，额外的用户费用和养护费用将增加多少，对今后的路况和投资又会有多少影响。而对资金的使用分配进行管理，则需要在对路网内公路使用性能进行监测的前提下，对其现状做出评价，由此确定哪些项目需要投资，依据各项目的使用性能或服务水平现状以及投资对其将来的需要和费用所带来的影响，做出项目投资的优先次序排列，在预算容许的范围内按优先次序资助尽可能多的急需项目（可以是旧路的养护、修复与改善，也可以是路网内的道路等级提高与路线改善，甚至可以是路网内的新建道路）。养护管理部门在进行养护资金的管理过程当中需要对其所采取管理决策的后果做出预估，而这种预估不应是决策者的“工程经验判断”的结果，而应是建立在对公路各管理工作系统考虑的前提下，采用特定的科学方法，即养护科学决策技术（图 8-3），负责进行决策评估，以保证决策结果的有效性及可靠性。

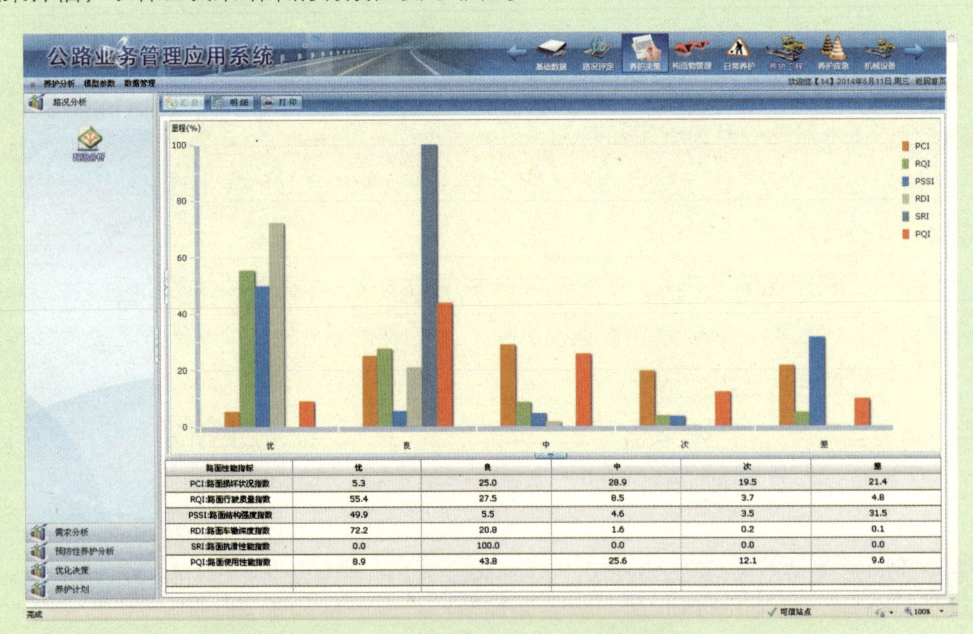

路面性能指标	优	良	中	次	差
PCI:路面损坏状况指数	5.3	25.0	28.9	19.5	21.4
RQI:路面行驶质量指数	55.4	27.5	8.5	3.7	4.8
PSSI:路面结构强度指数	49.9	5.5	4.6	3.5	31.5
RDI:路面车辙深度指数	72.2	20.8	1.6	0.2	0.1
SRI:路面抗滑性能指数	0.0	100.0	0.0	0.0	0.0
PQI:路面使用性能指数	8.9	43.8	25.6	12.1	9.6

图 8-2　公路养护信息化管理系统

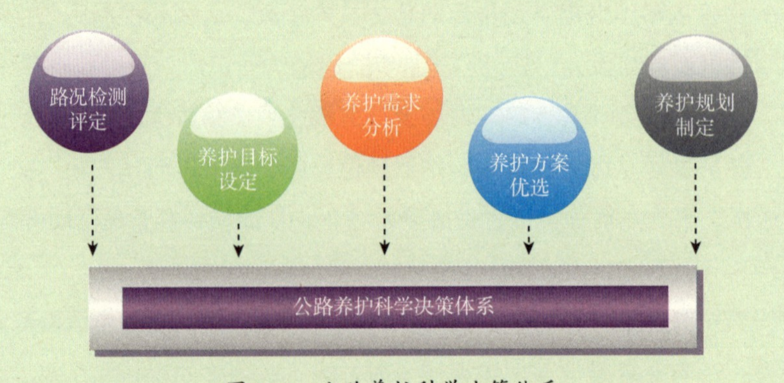

图 8-3　公路养护科学决策体系

科学的公路养护管理过程是一个系统化的过程。首先应进行路网或项目的使用性能监测，并根据监测的数据对所管理的对象做出现状的评价；接着应根据以往的公路状况结果对其做出使用性能或服务水平的发展规律分析，并据此做出未来状况的预估以及采取养护措施后的性能发展变化的预估；在定量预估各项对策的后效基础上，应用系统分析的方法，综合考虑技术、经济、社会和政治等方面因素，筛选费用—效果最佳的方案作为需要投资项目的方案，对路网内的各项目进行方案的优先次序确定，在预定的标准和约束条件下，通过分析路网内所有候选项目的效益后做出费用—效果最佳的对策。

8.4　公路养护管理的主要内容

8.4.1　计划管理

计划管理是养护管理的重要一环，由省级公路管理机构制定和批复，通过对养护计划的执行、检查和调整，从而科学合理地利用人力、物力和财力，有效合理地调度配置养护资源。

养护计划编制应充分以当地经济水平制定的养护预算定额为基础。年度养护计划一般分为日常养护、养护工程进行编制。养护计划一经下达，无特殊理由不允许调整。调整时需立项及设计批复部门认可变更内容，并与计划管理部门商定落实资金后方可实施。基层养管单位应按季（月）上报养护计划执行情况，并接受上级单位监督检查。

8.4.2　组织管理

目前，全国各地区按照《中华人民共和国招标投标法实施条例》以及交通运输部、地区的相关规定，明确了相应的养护工程招投标管理办法，当工程规模达到相应标准时，必须通过招投标的方式确定施工单位。

（1）日常养护

公路的日常养护经费按照一定规则合理分配至市县级公路管理机构，并由其组织实施，主要包括两种组织管理模式，一是完全管养分离模式，推行市场化运作，统一通过招标的方式确定从业单位，各地区根据自身管理需求，可一年一招标，也存在多年一招标的方式；二是管养一体化模式，由一线基层公路管理机构负责组织实施，如图 8-4 所示。

（2）养护工程

目前，我国各地区的养护工程（除应急养护外）已基本实现了市场化的管理模式，并建立了上报投资计划、审批下达任务、勘察设计招标、开展养护设计、组织工程招投标、督导工程施工及实施竣（交）工验收的组织管理流程，如图 8-5 所示。

图 8-4　日常保养工程实施

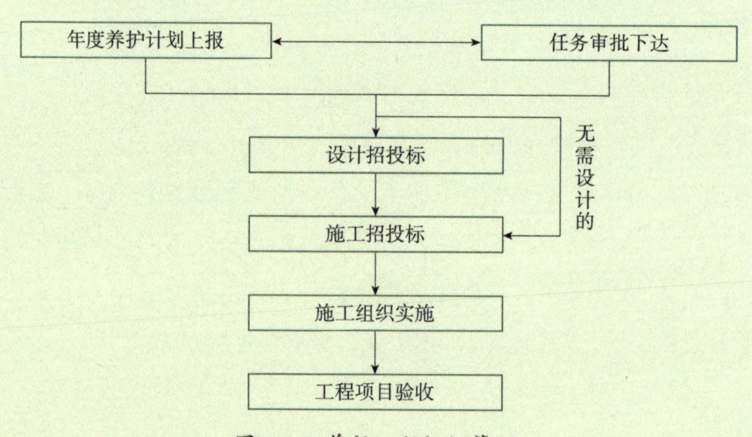

图 8-5　养护工程组织管理

基层管理单位主要参与养护工程施工现场的日常检查、进度督导、质量控制及竣（交）工验收等组织管理工作。

（3）应急养护

应急养护具有明显的突发性和时效性，主要由基层养管单位负责实施。基层养管单位通过日常巡查或其他渠道获取突发事件信息，立即上报上一级主管部门，启动应急预案，并应第一时间赶赴现场，详细了解突发事件状况，并做好现场的交通维护和安全防护设施，避免安全事故的发生，如图 8-6、图 8-7 所示。

8.4.3　技术管理

公路养护基层单位的工程技术管理，就是对养护工程施工中各项技术活动过程（如图纸会审、技术交底、技术检验、效果后评估、科学研究等）和技术工程的各种要素（如技术人员责任制、职工的技术培训、技术装备、技术文件资料和档案等），进行有序的科学管理的手

图 8-6　应急养护工程组织实施

图 8-7　应急养护工程组织机构

段，它是实现公路养护施工项目目标的有效手段，是公路养护单位管理的重要组成部分。

8.4.4　质量管理

质量管理的重点是做好养护工程施工关键环节的质量控制。

基层管理人员应依据相关法律法规、技术标准等，对各种影响工程质量的因素进行检查，如从业人员技术水平、施工机械、材料质量、施工工艺、质量控制点、气候条件等，确保旁站、签证等工作落实到位。

8.4.5　路政管理

1）养护人员工作要求

（1）兼职路产保护。在养护作业过程中，养护人员可以兼职路政管理中的非行政管理工作，如对发现的各类侵占、破坏、损坏公路、公路用地及附属设施的违法行为，予以劝阻、制止，并及时通知路政人员到场处理，如图 8-8 所示。

图 8-8　养护巡查

（2）维持养护作业秩序。在养护作业过程中，养护人员应当按照规定设置规范的安全警示标志和安全防护设施，并根据养护作业需要，维持公路养护作业现场秩序，提醒过往车辆注意和避让，如图 8-9 所示。

图 8-9　养护人员维持养护作业现场秩序

2）路政人员工作要求

（1）路政巡查管理。在路政巡查过程中，路政人员发现公路坍塌、坑槽、隆起等损毁的，及时设置或者通知公路养护作业单位设置警示标志，并协助公路养护作业单位采取措施予以修复；发现各类侵占、破坏、损坏公路、公路用地及附属设施的违法行为，应当予以制止和依法查处，追偿路产损失用于修复，如图 8-10、图 8-11 所示。

（2）维持养护作业秩序。在养护作业过程中，公路管理机构可以根据养护作业需要或者公路养护作业单位的申请，委派路政人员维持公路养护作业现场秩序。路政人员负责指导并协助公路养护作业单位在养护作业区域按照规定设置规范的安全警示标志和安全防护设施，维持作业现场秩序，提醒过往车辆注意和避让，如图 8-12 ~ 图 8-14 所示。

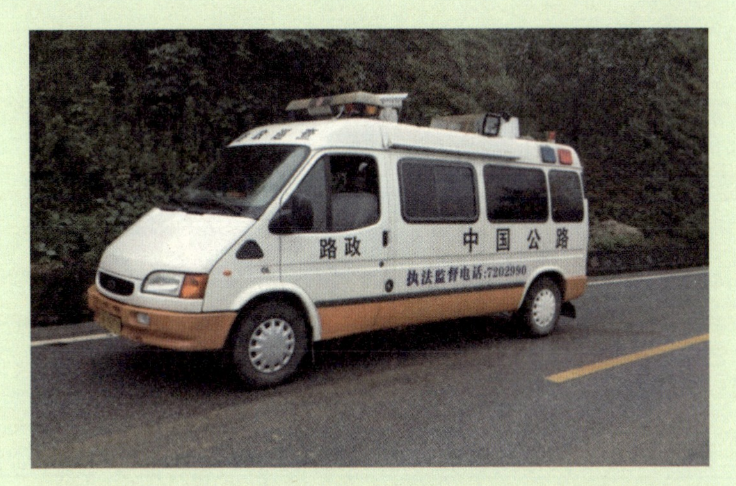

图 8-10　路政巡查

图 8-11　联合巡查

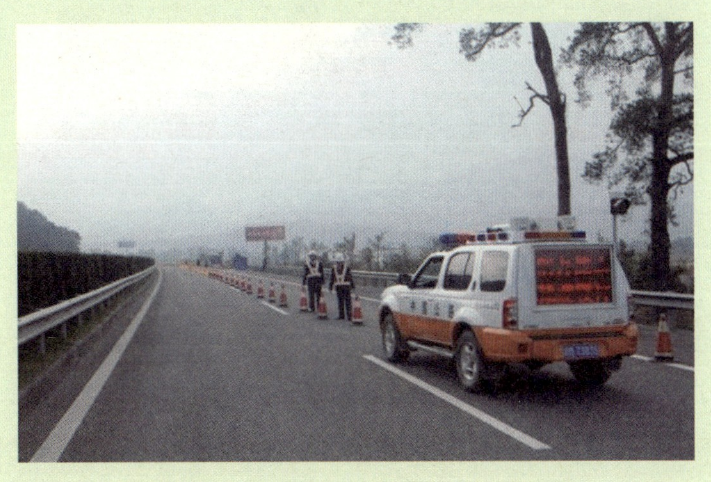

图 8-12　路政人员维持养护作业现场秩序

图 8-13　路政、养护人员共同维持养护作业现场秩序

图 8-14　路政人员指导并协助养护人员摆放安全警示标志

8.4.6　基层养管单位管理

公路养护基层单位是做好公路养护管理工作的重要单元。普通国省干线公路的基层养管单位一般形式为公路站（大道班），高速公路的基层养管单位一般形式为管理处，农村公路的基层养管单位一般形式为县交通运输局下设的农村公路科（所），基层养管单位的主要职能如图 8-15 所示。

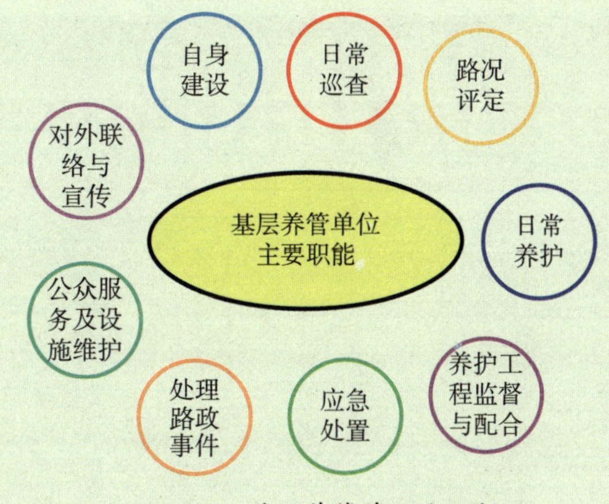

图 8-15　基层养管单位的职能

8.4.7　档案管理

档案管理可直接反映公路养护管理部门的管理意识和管理水平，有益于保障公路养护工作的顺利实施，有益于促进公路养护管理科学化、规范化、标准化。公路养护档案管理应遵从闭合管理、跟踪管理、跟踪养护管理全部阶段的工作，实时收集相关的档案资料，做到全面归档、及时归档。根据公路养护管理工作的需要以及相关技术规范的要求，需要做好建立与之相应的档案管理工作。

1）制订针对性的档案管理措施

在公路养护管理工作过程中，涉及大量的基础性资料，应设置专职档案管理员，针对业务类型、工作环节等，分类收集整理相关的资料，制订不同的档案管理措施，如纸质存档、电子存档、网络存档等。

2）加强档案管理人员的职业素养

公路养护档案管理需要加强观念，促使相关工作人员做好公路养护技术档案的收集和管理。公路养护资料内容众多、范围广泛，包含计划、生产、技术、安全和财务等各方面。每一个环节中，资料管理人员都要收集大量文件以及材料、档案信息，在保证质量的同时，还应及时收集、合理归类，要求管理人员具有较高的职业素养，不能忽视每一个环节的数据收集和归档工作。

3）加强现代化管理

目前，现代化技术及方法已广泛应用于公路养护管理工作中，公路养护档案管理也应以现代的管理理念和方法，建立一套系统的、健全的、统一的管理制度，促进公路养护档案管理水平的提升。可建立公路养护档案信息管理系统，对相关的文件、数据、信息进行存储、整理、编目和检索，如图 8-16 所示。

图 8-16　公路养护档案存储

参考文献

[1] 中华人民共和国行业标准. JTG H10—2009 公路养护技术规范[S]. 北京：人民交通出版社，2009.

[2] 中华人民共和国行业标准. JTJ 073.2—2001 公路沥青路面养护技术规范[S]. 北京：人民交通出版社，2001.

[3] 中华人民共和国行业标准. JTG H20—2007 公路技术状况评定标准[S]. 北京：人民交通出版社，2007.

[4] 中华人民共和国行业标准. JTG H30—2015 公路养护安全作业规程[S]. 北京：人民交通出版社，2015.

[5] 中华人民共和国行业标准. JTG F41—2008 公路沥青路面再生技术规范[S]. 北京：人民交通出版社，2008.

[6] 中华人民共和国行业标准. JTG F40—2004 公路沥青路面施工技术规范[S]. 北京：人民交通出版社，2004.

[7] 中华人民共和国行业标准. JTG F80/1—2004 公路工程质量检验评定标准 第一册 土建工程[S]. 北京：人民交通出版社，2004.

[8] 王松根，黄晓明. 沥青路面维修与改造[M]. 北京：人民交通出版社，2012.

[9] 张风亭，武春山. 公路养护技术[M]. 北京：人民交通出版社，2010.

[10] 邓学钧. 路基路面工程[M]. 3版. 北京：人民交通出版社，2008.

[11] 姚祖康. 路面[M]. 3版. 北京：人民交通出版社，2006.

[12] 沙庆林. 高等级道路半刚性路面[M]. 北京：中国建筑工业出版社，1993.

[13] 徐剑，黄颂昌. 沥青路面预防性养护理念与技术[M]. 北京：人民交通出版社，2011.

[14] 郭忠印，李立寒. 沥青路面施工与养护技术[M]. 北京：人民交通出版社，2003.

[15] 交通部公路科学研究院. 微表处和稀浆封层技术指南[S]. 北京：人民交通出版社，2006.

[16] 王玉顺，朱敏清. 高速公路沥青路面预防性养护技术与应用[M]. 北京：中国建材工业出版社，2008.

[17] 沙庆林. 高速公路沥青路面早期破坏现象及预防[M]. 北京：人民交通出版社，2008.

[18] 张争奇．高速公路沥青路面维修养护技术[M]．北京：人民交通出版社，2010.

[19] 王松根，张西斌．公路沥青路面养护机械化作业[M]．北京：人民交通出版社，2009.

[20] 高建立．高速公路沥青路面养护关键技术与工程实例[M]．北京：人民交通出版社，2006.

[21] 王松根，高海龙．平原地区公路安全保障工程设计手册[M]．北京：人民交通出版社，2008.